U0034784

20
Mystery

20
Mystery

神明所教的解籤訣竅

60甲子籤詩

問神達人 王崇禮 博士／著

神明所教的60甲子籤詩解籤訣竅 全新拜拜實用版

作　　者　王崇禮
特約美編　李緹瀅
責任編輯　王舒儀
主　　編　高煜婷
總 編 輯　林許文二

出　　版　柿子文化事業有限公司
地　　址　11677臺北市羅斯福路五段158號2樓
業務專線　（02）89314903#15
讀者專線　（02）89314903#9
傳　　真　（02）29319207
郵撥帳號　19822651柿子文化事業有限公司
投稿信箱　editor@persimmonbooks.com.tw
服務信箱　service@persimmonbooks.com.tw

業務行政　鄭淑娟、唐家予

初版一刷　2014年09月
二版一刷　2017年08月
定　　價　新臺幣399元
I S B N　978-986-95067-2-4

～柿子在秋天火紅 文化在書中成熟～

國家圖書館出版品預行編目(CIP)資料

神明所教的60甲子籤詩解籤訣竅／王崇禮 作.
--二版. --臺北市：柿子文化，2017.08
面；　公分. --（mystery；20）
ISBN 978-986-95067-2-4（平裝）
1.籤詩

292.7　　106011386

名人好評

具名推薦

于美人，知名主持人
何篤霖，《命運好好玩》節目主持人
高大成，知名法醫、中山醫學大學法醫科教授、高診所院長
郭靜純，《命運好好玩》節目主持人
劉燦榮，歷史專家

強力推薦

看了我的學生王崇禮博士改版的《神明所教的60甲子籤詩解籤訣竅》後，真是無比開心，我開心的不是這本書改版後提供更多專業解籤知識給讀者，而是這樣一名有著全國高知名度的神職人員，仍然不斷地自我要求、自我提升，甚至日日夜夜不停地思考：我還可以再傳授給信徒些什麼，讓信徒可以自己解決自己的問題——這種無私的心境非常難能可貴！

我時常對王崇禮博士說，一個人的學識必須要不斷精進，而精進學識的方法就好比翻山越嶺，「勤」字是唯一路徑，只要能堅持翻過去，就會有超凡的智慧。相對來說，翻不過去最大的主因絕大部分出在「自滿」二字。今天看到王崇禮博士能把我的話聽進去，並且付諸行動，我心甚慰。

上天賦予王崇禮博士創辦宗天宮，這是一種天命，也是一種榮耀，更是一種責任。我相信宗

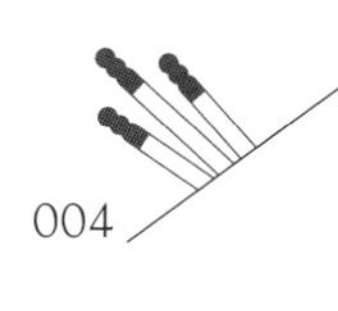

天宮將來在王崇禮博士的創辦與領導之下，所呈現出來的一定是一間超凡的廟宇，更是一間深具文教氣息的宗教廟宇。有生之年可以找到王崇禮博士繼承吾之衣缽，上天也實是待我不薄，感謝上天眷顧之。

——**涂水樹老師**，問神達人的老師

從《神啊！我要怎麼問你問題？》、《神啊！你到底在幫我什麼？》到《神明所教的60甲子籤詩解籤訣竅》，老師的三本書就像三部曲，慢慢勾勒出這古老問神法的精彩度與完整性，要是沒有王老師的教學與傳承，許多老一輩親身經歷、津津樂道的神明事跡，將在世代交替下漸漸失傳，王老師的書適時地串起這個環節，並為跟我一樣尊敬神明但不想迷信、相信神明但不知方法的人著實地上了一課。

《神明所教的60甲子籤詩解籤訣竅》前所未有地提到解籤須整合邏輯思考及系統思考，過去幾十年的抽籤傳統，單純只看籤詩的詩句好或不好，頂多再看一下歷史典故，但解籤真的不是我們一般人所想的那樣簡單！舉例來說，王老師利用神明教他的訣竅，把六十甲子籤詩分門別類成十大歸納，讓學習者知道抽到籤詩時該如何解讀，不致籤詩抽出來後卻一知半解。此外，「抽籤配對法」也是十分獨特的技巧，能確實幫助抽籤者知道所問之事要從哪個角度思考。

看完了這整本書，不僅讓我一改之前既有的傳統觀念，也讓我在抽完籤詩後能更加掌握神明到底要跟我說些什麼。問神達人王崇禮老師這本教導解籤的書，真的能幫助後人不再將神明的話斷章取義了。

第三次看完本書後，我深深體會到，不只要具備歷史知識、文學造詣、詞句理解力、邏輯性、系統性和整合性，還要讓這些因素同時發揮作用，才能把籤詩解得很精準。因此，我極力推薦這本書給有興趣和有緣的朋友們，本書充滿了神明的智慧，相信大家閱讀後會跟我一樣，有煥然一新的感覺，我更相信這本書也一定會幫助到很多人。

——**沈佳蓉**，高雄長庚醫院運動醫學中心物理治療師

兩百多年前，梓官地方士紳為了讓在地民眾有一個神明做為心靈寄託，遂於臺南城隍廟請一尊分尊城隍爺回鄉，祭拜並籌建高雄梓官城隍廟。自建廟以來，本廟一直秉持著無償、義務的精神替民眾排憂解難，並以不增加信徒的經濟負擔為主要考量，絕對禁止開價辦事的行為。除此之外，城隍廟倡導正向之宗教信仰，以中庸之道教化民眾向善，發揮人飢己飢、人溺己溺之信念服務大眾，進而發揚道教精神。

梓官城隍廟長久以來以起乩為主要問事方式，難免讓人疑惑其真實性與準確度。民國一〇三年有幸認識以擲筊為主要問事方式的王崇禮博士，經城隍爺幾次托夢及多次聖意指示，邀請王博士蒞臨梓官城隍廟替信徒問事，排除疑難雜症。這段期間王博士深受全國信眾之信賴，經信眾們口耳相傳、網路傳遞、媒體宣導，讓本廟城隍爺替民眾排憂解難之善舉遠播國內外。王博士盡心盡力輔佐神濟世救人並義務協助民眾的精神實在難能可貴，本廟定當全力支持。

——**宋萬春**，梓官城隍廟管理委員會主任委員

二〇〇七年甫獲博士學位並幸運地與王崇禮博士同年受聘於同一所學校，跟我同樣喜愛球類運動的他，在一次球敘完之後遞給我一本他的著作《神啊！我要怎麼問你問題？》，心中頓時滿

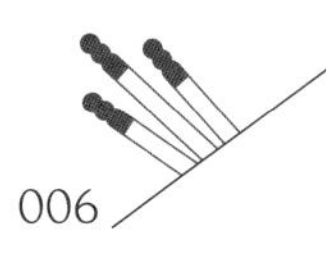

是問號。一位留美的教育博士，為何會著述有關宗教信仰的書籍呢？這的確令人好奇，審閱書中富有邏輯性的擲筊、解籤詩問事過程，宛如親身與神明進行雙向對話，也更讓我敬佩起這位風度翩翩的學者，竟讓只相信真理存在於數字的我，對神明之事的看法從此改觀。

王老師的著作中，最吸引我注意的是有關如何擲筊問神明的技巧，對於受過正規統計學訓練的我，直覺三個聖筊的統計機率是八分之一，如果要將「統計事件」與「樣本點」結合，想必擲筊的因果關係絕對無法通過機率檢定。但是，愈是好奇，愈是引起我深掘王老師著作的興趣，花了很多時間以學者做研究的心態拜讀完他的所有著作，以及近來自身受神明所助的真切經歷，不得不讓我相信王老師曾告訴過我的一句話：「兄弟，神明看得比較遠，人算絕對不如神明給你個『一』字。」這句話著實讓我深受感動，久久不能自己。

曾受到王老師幫助的人很多，我也不例外。對於宗教，我時常秉持信而不迷、人助而後天助的信念，其間經由王老師正確的問事與指點，個人的生涯、家庭、事業等多項難關皆一一克服，除了感動於神明的慈悲與教化，我也終於了解王老師為什麼可以二十年來始終忠於自己慈悲服務眾人的信念，不為利益所誘，原來這種善念就是「一本初衷，始終如一」的堅持啊！

王老師的問事風格的確不同於其他藉宗教之名行斂財之實的宮廟，相識愈久，愈能體會他的正直風範，也為現今混沌的宗教信仰注入一股清流。有感於此，我也十分榮幸能應神明旨意、順王老師之邀共同成立以救世濟人為宗旨之「台灣宗天宮慈善功德會」，讓更多走在徬徨道路上的人們能受到神明的慈悲與教化，找到方向。相信這本結合擲筊問事、解籤並輔以實際案例解說的心血之作，必能讓眾讀者共同饗宴其精隨——問神達人在書中；教你正確問事！

——**林宏濱**，樹德科技大學國際企業與貿易系系主任我是在一個極奇妙的因緣下認識我的學生——問神達人王崇禮，當時的他正在港口宮閉關。現在回想起來，這個因緣可說是在二十年前就已種下。直至今天，我仍覺得天意的安排真是很不可思議，神明有一次托夢交代我說：「王弟子是真心在為神明服務，要好好的調教他。」在訓練崇禮的這段時間，我一直仔細觀察他跟我出去處理風水地理案件時的處事態度與專業程度，發現他確實如神明所說，是個真心為神明服務的人，凡事都站在神明和當事人的立場，從不會想要從當中獲取任何利益——僅憑這一點就已難能可貴，我亦深深引以為榮。

期待崇禮不僅能日日精進自己，最重要的是能夠堅持他「一本初衷、自始至終」的濟世救人原則。上天既然安排了這種天命，就要堅持不懈的好好走完，以我五十幾年的經驗看來，這條路雖不好走，但只要人正、心正、行正，上天及神明必會時時於左右護佑。與崇禮共勉之！

——**張木中**，風水地理名師

自問神達人王崇禮老師的《神啊！你到底在幫我什麼？》、《神啊！我要怎麼問你問題？》叫好又叫座之後，這本充滿神明智慧與王老師專業經驗結晶的新書——《神明所教的60甲子籤詩解籤訣竅》的問世，依舊攻占各大書局宗教類書籍的暢銷排行榜。

籤詩做為神明與信徒的雙向溝通工具之歷史由來已久，也是寺廟文化中非常重要的一部分。每次到廟裡拜拜，總會看到許多信眾在擲筊求籤，我當然也有過這樣的經驗。不過，直到看了王老師的著作之後，我才發現自己過去擲筊和求籤的程序根本不對，儘管現在已無這樣的困擾，但每次求到籤詩後，卻往往不知如何正確解讀籤詩內容。雖然每一間廟宇都會提供一本解釋籤詩的書籍供信眾翻閱參考，但說實在的，很多時候仍舊似懂非懂，因而無法得知神明想向我們傳達什

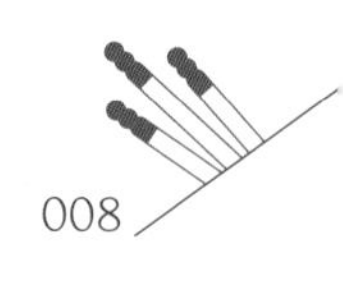

麼訊息，更遑論藉此解答心中的疑惑。學會了如何擲筊與求籤，卻不會解讀籤詩，就好比登高山卻卡在那最後半哩路，實在令人沮喪。《神明所教的60甲子籤詩解籤訣竅》就是王老師幫大家克服攻頂前最後半哩路的最佳解籤指南，也是王老師一系列「問神」著作中較高階的內容。

看過王老師著作的讀者，都知道王老師非常強調科學邏輯的重要性，本書也不例外。我們已經從之前的書得知，神明往往得透過「一組」籤詩，才能將其指示完整表達出來，此時必須運用科學邏輯的求籤方式，將神明想表達的話完整顯現出來，然後再做精確解讀。本書所介紹的六十甲子籤詩抽籤配對法與解籤十大歸納法，就是教大家如何以符合科學邏輯的方式完成這些步驟。這些配對法與歸納法已包含大部分信徒會問神明的各種問題，實用參考價值非常高。

本書還在第伍部附有真人實事的案例，供讀者驗證自第貳至肆部學到的觀念。此一部分的內容一直是我的最愛，王老師總是以非常細膩生動的筆法描述案例，彷彿故事就發生在眼前。這些案例的劇情都頗為複雜，除了能引起讀者的興趣，最重要的是當中能看到不同階段的求籤和解籤技巧（也唯有如此，才能順利解決問題），而且每次的重點都不同。在王老師的所有問神實例中，他都一再呼籲是神明偉大，而不是人厲害。因此，即使王老師已身懷一般人所沒有的各種問神絕技，在面對信徒各式各樣的問題時仍保持一貫的謙卑態度，凡事以神明的回答為主，完全不摻雜他個人的主觀意見——唯有如此，才能將神明的真正旨意精準而正確的解讀出來。

「疾風知勁草，板蕩識忠臣。」與王老師相識已有一段時日了，也曾親自目睹他因遭遇一些有違自己宗教濟世原則的事情，所帶來的各種心情轉折。在《神明所教的60甲子籤詩解籤訣竅》中，王老師也詳細記載了這段他與神明互動的心路歷程，以及他如何在神明的引導下堅持初衷，拋開過去陰霾，開創出另一個濟世救人的新局面。

全國有許多民眾在王老師的協助下，不需要「額外」的金錢花費，便能夠得到神明的幫忙，順利解決了人生難題。長久以來，人們一直對道教存在著一些似是而非的觀念，若非有廣大的讀者與信眾對王老師濟世救人、不求回報的宗教理念表達支持與認同，他早就萌生退意，根本無法走到今天這一步。王老師的這本著作可讓讀者徹底學會擲筊、求籤、解籤的所有技巧，以備在問神時的不時之需。購買此書並學以致用，就是鼓勵王老師堅持其理想信念的最佳方式。

——**莊文議**，臺灣大學財務金融學系副教授

《神明所教的60甲子籤詩解籤訣竅》是繼《神啊！我要怎麼問你問題？》以及《神啊！你到底在幫我什麼？》後，介紹王崇禮老師在閉關時神明親自教導之問事心法的第三本大作（第四本為《解夢經典》）。自王老師為眾生問事以來，他分文不取，竭盡其所能及並利用課餘時間傳達神明之旨意，為眾生解惑及解決問題，深受大家推崇。唯今問事工作之重及人數之多，難免會在問事現場造成廟宇及其信眾些許困擾；再者，問事之人較顧慮在公開場合說及私密之事，而籤詩確實能避免私人之事公諸於眾。故本書中提及「即將問世的宗天宮」之章節，應是「神」之極重要考量，唯建廟非小事，除「神」已大力撥機幫助外，尚需大家之善心齊聚，才得以完成。

本書談到的「抽籤配對法」及「解籤歸納法」，提供各籤詩在面對不同問題時之相關解釋及方向，並舉實例說明，相當信實易懂，信眾可藉由此書自己對照、自己解籤。最後一部分提供真實案例，針對「抽籤配對法」及「解籤歸納法」之運用予以說明，供信眾比對，加深印象。此書理論、實務並重，是一本解籤詩不可多得之書籍，特此推薦給全國信眾。

——**曾宗德**，樹德科技大學通識教育學院院長

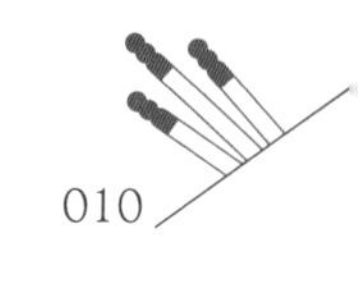

在臺灣，除非你是基督徒、天主教或伊斯蘭教等，否則只要是道教或佛教徒，一定會有進廟宇拜拜的機會，同時也都有抽籤的經驗。

雖然說宗教是以神做為個人身心靈依歸的信仰，不同於流傳在民間的山、醫、命、相、卜之風水說。但對於很多人而言，仍然會覺得到廟裡抽籤問事，是迷信而不合乎科學的行為。可是文明再進步，科技再發達，人類真的就能勝天？宇宙何其大，而人類又是多麼地渺小，因此宗教的力量就在無形中提供了宿命與非宿命者一盞智慧的燈。

正如作者王崇禮博士書中所言：「宗教要有科學才不會盲目。」他原本是一位敬鬼神而遠之、不信邪的「鐵齒組員」，甚至因高學歷而不屑做解籤詩的工作。但不知是幸還是不幸，總之命運的巧妙安排，讓他不得不相信真有奇蹟，且願虔誠地順服在神明的甄選下，為眾生分憂解勞。我想，這是第一本——可能也是唯一一本如此特別的解籤訣竅，值得推薦與參考。

——**黃越綏**，財團法人國際單親兒童文教基金會創辦人

上天關起一道門的同時，一定會為你開啟另一扇窗。只是，自己能否從中體悟並尋找出另一扇窗在哪裡呢？其實，就在你心中。因為「態度」與「心境」決定你的下一步棋該怎麼下。

幾年前，在人生面臨最低潮時，因緣際會認識了問神達人王崇禮老師。當時的心情宛如歷經驚濤駭浪後，在平靜卻浩瀚無邊的大海中無助地抓到一根漂流木。

當時，王老師給了我一些話：「一個人的魅力來自於歷練無數的挫折，從中淬鍊出智慧，這樣的人生累積下來，才能散發出成熟的魅力。這種道理，就好比一顆令人懷念的茶葉蛋，一定是布滿裂痕、經過長時間燉滷，才能入味！」這一句話，改變了我往後面對問題的態度。

王老師之前的著作中，《神啊！我要怎麼問你問題？》是問事技巧的工具書，《神啊！你到底在幫我什麼？》則是分享神明的邏輯和大觀，學習做「神」處世的道理。倘若只學會問事技巧，卻缺乏神明的邏輯與正氣，便有如一刀兩面刃，用於正途者可助己助人，用於歧途亦可傷人損己。臺灣社會存在無數的宮廟，卻可能因主事者的品德與管理風格而決定了這家宮廟的未來。一間宮廟要能真正濟世救人，「五分靠神、五分靠人」，即使主神正氣靈驗，也有可能因為主事者的品德缺陷、管理不當，將神通廣大的法力當做斂財的工具，最後連累了神明。因此王老師有責任傳達「問事技巧」與「神明的邏輯」，不讓人步入歧道。二者兼具才能提高問事的準確度，也唯有學習神明的邏輯，才有足夠的高度、廣度與智慧來面對問題。

吸取王老師著作的精華後，確實大大提升了我的問事技巧，然而接下來卻面臨了對神意一知半解的窘境。一支籤、二支籤……甚至多支籤的組合搭配，第一支是好籤，第二支是壞籤，第三支又是好籤，這樣到底算好還是算壞？神啊！你到底要告訴我什麼？什麼時候又該從個性解？等待的過程如此煎熬漫長，籤詩中是否有透露時間點？畢竟知道時間點多少也能讓人安心點。

王崇禮老師的《神明所教的60甲子籤詩解籤訣竅》，就是帶領我們打通問神的任督二脈。讀完了整本書，有茅塞頓開、醍醐灌頂的感覺，書中以科學、系統的說明，教導我們從切入點開始就問得正確、解讀正確。再加上平日多充實國學常識、歷史故事，即使神意奧妙，依然能抽絲剝繭，從中了解神明的用心良苦。

《神明所教的60甲子籤詩解籤訣竅》，值得推薦的好書！

——**黃馨媚**，鴻海精密工業專案經理

讀者迴響

【小芳，高雄市】自六年前家父車禍重傷、官司纏身、家運不順，加上自己承受了三年的莫名病痛之苦與工作不順，我因此陷入憂鬱，幾度差點跨不過這座人生高牆。因緣際會下，我認識了生命中的貴人王崇禮老師，才知道原來是家中祖先牌位遭外靈入侵及本身的外方問題，導致一連串問題接踵而來。經由老師的協助並承蒙梓官城隍爺的神威恩典，我的身體狀況已獲改善，也期盼家運能漸漸轉好。藉由幾張籤詩就巧妙地讓我知道所有問題點——唯有當事者才能真正感受這當中的玄妙之處。

【半月，新竹市】二〇一一年接觸到《神啊！我要怎麼問你問題？》，曾經起心動念，想帶著父母遠赴高雄尋求王老師的幫忙，但又怕老人家不相信，問神真的可以很有邏輯、很科學。終於，二〇一四年八月因為梓官城隍爺的感召，透過王老師精準的解籤，安慰了運勢不順很久的父親，也知道家中並無欠點，讓家人們都放心了。

【吳蒔安，新北市】從前，我是一個愛到處算命、亂拜拜的人，因為盲目跟無知，常常花了很多冤枉錢。看了王老師的著作後，現在的我不但可以自己透過正確的擲筊方式跟神明溝通；在王老師的幫助下，還處理好夫家及娘家的欠點問題，家人都明顯感受到根本問題解決後的改變。

【玉妍柚子，新北市】千言萬語都難以道盡內心對王老師的感謝！我這幾年來的生活，一直被某個問題所困擾，嚴重到讓我覺得人生已無任何意義！好在遇到了王老師，在他的解籤下，讓我的生命又燃起了一絲希望。再次感謝王老師您的幫忙，因為您的慈悲為懷，也激發起我要盡量做到「心存善念，多行善事」的心願！

【沈芳義，嘉義縣】宗教是我們生活不可或缺的精神力量，感謝王崇禮老師給予正在人海渺渺的芸芸眾生們正確的方向，以及啟發心靈上的智慧。之前的我也不相信人與神佛之間的互動，經由老師的人生智慧所集結的大作，慢慢了解如何正確跟神明表達我們心中的疑惑。能有這個機緣與王老師結緣，心中除了感謝，還是感謝！

【陳毅，高雄市】我今年二十四歲，是個非常喜歡研究道教的年輕人，但對於道教總是似懂非懂，每次有問題想請示神明時，總找不到人幫我。自從看了王崇禮老師的書，對於請示神明的知識長進不少，像是：一種籤詩不只一種解法，不能只看字面上的意義，還要看典故、當事人所問的事，真是受益良多啊！老師的書值得大家用力讀，要把它當做是人生十字路口的錦囊妙計，好好珍藏。

【黃小姐，臺北市】看完王老師的書後，覺得要連續得到三個聖筊真的不容易，後來有一次，有緣看到王老師協助別人問事，結果竟然連得十一個聖筊！而且，王老師的問法就跟他書上寫的一模一樣，菩薩慈悲，這真的是太神奇了！

目錄

神明所教的六十甲子解籤十大歸納法 063

運籤
家運籤
婚姻籤
欠點籤
本運兼事業籤
本運兼身體籤
家運兼事業籤
家運兼身體籤

本運籤
事業籤
身體籤
本運兼家運籤
本運兼婚姻籤
本運兼欠點籤
家運兼婚姻籤
家運兼欠點籤

六十甲子籤詩詳解 073

第伍部

Thank you

誠摯感謝
高雄梓官城隍廟以及台灣宗天宮
慈善功德會幹部及眾志工

二〇一四年是我人生當中最特別的一年，是我邁向人生另一個里程碑的第一步。而今年二〇一七年更是特別的一年，因為宗天宮臨時宮正式完成安座。所以，我今天要特別感謝高雄梓官城隍廟城隍爺、城隍廟委員、台灣宗天宮幹部及眾志工們的鼎力支持與風雨無阻的義氣相挺，衷心感謝大家。

我特別要感謝：

主任委員宋萬春先生、副主任委員蔡焙璋先生、常務監察歐森男先生、特助劉肇樑先生、副總務組長陳豐盛先生、祭典組副組長蘇震輝先生、祭典組副組長陳美雲女士、古典組組長王福霖先生、古典組副組長陳明象先生、採購組副組長王秋和先生、吳明清委員、蔣慧玲女士、吳彥宏先生、王蘭蓁女士、王俊傑先生。

台灣宗天宮慈善功德會理事長林宏濱先生、執行長王光啟先生、祕書長吳蕬安女士、宗天宮志工團隊陳文雀女士、沈佳蓉女士、沈尹婷女士、蔡麗茹女士、黃怡華女士、鄭明忠先生、鄭文聲先生、莊淑芳女士、陳萬忠先生、陳燕輝先生、楊書嫺女士、林姿秀女士、林瑞珠女士、鄭敏君女士、張坤明先生、黃省得先生、王韡儒女士、謝玫臻女士、劉天寶先生、沈金源先生、黃如玫女士、吳明勳先生。

再版序

更實用、更詳細的解籤指南

《神明所教的60甲子籤詩解籤訣竅》已經出版了好幾年，到現在還是一樣受到全國讀者的喜愛，在此致上十二萬分的感謝。這次會做改版，主要是有三大原因。

首先，是為了讓讀者更容易閱讀此書，因為先前此書的版本是因應「解籤歸納」來編排籤詩的順序，例如「歸納欠點」的籤詩有乙巳籤、丙子籤等，「歸納人為方面」的籤詩有甲申籤、辛巳籤等，讀者較不容易馬上找到要查詢的籤詩。

新版則改為按一般宮廟的籤詩順序來編排，例如甲子籤、甲寅籤、甲辰籤、甲午籤、甲申籤、甲戌籤放一起，乙丑籤、乙卯籤、乙巳籤、乙未籤、乙酉籤、乙亥籤放一起，讓讀者更容易在第一時間內找到要查詢的那支籤詩。

第二個原因是宗天宮召集許多歷史學者、文學博士、文字修辭造詣專家加入宗天宮團隊，經過不下十次的研發，以找出更精細的解籤方向，也就是在籤詩裡面加入更多、更加精細的輔助「歷史典故」，讓想要解籤的人有更多的解籤思考方向。

例如，原本辛亥籤的典故只有「王昭君和番」，歸納在欠點，指抽籤的人不只滿腹辛酸，同時也身不由己。但改版後的辛亥籤的典故多了輔助典故「蜻蜓誤入蜘蛛網」，解籤就可以更深入、更完整的解成：「抽籤的人現在不只滿腹辛酸，同時也身不由己，因為現在的情形猶如是一隻飛入蜘蛛網的蜻蜓，進沒有辦法，退也沒有辦法，再怎麼努力也無法達到期待」。加上輔助典故，有助於把籤詩解得更透徹，想對輔助典故有進一步了解，隨時可以到我的粉絲團專頁「問神達人　王崇禮老師」私訊詢問，我將提供最完整的資訊。

第三個原因是宗天宮的解籤團隊不只研發加入更多的歷史典故，也同時把每支籤詩的家運、本運、姻緣、事業、學業、健康、求子、財運都一併解了出來，讓抽籤的人馬上就可以對照該籤的意思，不再讓抽籤的人有抽沒有懂。

希望新版的《神明所教的60甲子籤詩解籤訣竅》可以帶給全國讀者不一樣的解籤方向，讓自己的運勢可以日漸增強，凡事皆進退得當，逢凶化吉，事事順利。

——**王崇禮**博士

作者序

有錢也學不到的解籤祕笈

繼《神啊！我要怎麼問你問題？》、《神啊！你到底在幫我什麼？》以及DVD《問對了！神明才有辦法幫你》出版後，廣受全國讀者好評，銷售量屢創佳績，再刷版次達三十刷，甚至榮獲博客來網路書店連續二十五週宗教類排行榜第一名的殊榮。首先要特別感謝高雄鳳山天公廟玉皇大帝及嘉義東石笨港口港口宮天上聖母不嫌棄我資質愚鈍，在我閉關時細心教導，賦予我智慧。再者，我要感謝全國讀者的支持和認同，你們的支持，是我再接再勵寫出第三本書的最大動力。第三，我要感謝父母親和家人的支持、陪伴，無時無刻提醒我「莫忘初衷」，絕對不能忘記當初寫書的本意——為神明服務是要濟世救人，絕對不能有開價行為，至今我無不一日謹守這四個字的原則。最後，我要感謝張木中老師、涂水樹老師細心調教我風水和地理方面的專業知識，以及一些問事方面的獨特訣竅。

別忘了先打好基礎

《神啊！我要怎麼問你問題？》是一本問神的基礎入門書，對於剛開始學習如何問神或對問神有興趣者，這本書能幫助我們開啟問神的基本觀念、怎麼問問題，以及相關的入門知識。具備了這些基本知識，我們才能再往下個階段前進，這時候，就要看第二本書——也就是問神的進階版指南《神啊！你到底在幫我什麼？》，學習四大問事工具——擲筊、籤詩、托夢和起乩——的應用，讓我們了解每個工具的功能、使用時機，例如：什麼時候該擲筊、什麼時候要用到籤詩，或者夢境分為哪幾個種類、該怎麼區別，甚至如何解夢。了解四大問事工具，問事的功力就能更進一步，問出來的答案也會更準確。然而，知道如何運用四大工具仍遠遠不足，還必須學會交叉使用，才能在問事的過程中運用自如，問出來的答案也將更精準、更上一層樓，這就要靠《神明所教的60甲子籤詩解籤訣竅》（以及《解夢經典》）——問神的高階版。

如何把籤詩運用到淋漓盡致？

《神明所教的60甲子籤詩解籤訣竅》是有錢也學不到的問神祕笈，這本書主要在教我們如何把籤詩運用到淋漓盡致，並且整合運用籤詩與科學思維，讓大家有能力把籤詩解得很精確。本書教大家的問神方法，還整合了邏輯思考、辯證、思辨、歸納、問題解決等；而其最大的特色，就是我在閉關時，神明在夢中指導、提醒過我的技巧、知識和邏輯，這些統統會寫在書中，獻給有緣的人。看完這本書，我們一定會了解到：原來神明的世界這麼奧妙。

《神明所教的60甲子籤詩解籤訣竅》的精華，就是「神明所教的變化無窮抽籤配對法」及「解籤歸納法」。問神要問得精準，解籤要解得精妙，這兩個部分非常非常的重要，建議讀者無論如何都一定要用心閱讀。大部分的人只知道抽籤詩，卻不知道抽籤詩還能配對；解籤歸納法則是教大家：哪些籤詩是在講欠點、哪些籤詩是在講時間點、哪些籤詩是在講個性，以及哪些籤詩提醒我們注意人與人方面的問題……。只要學會變化無窮抽籤配對法，再加上解籤歸納法，問神的功力和思維就可以大大提升了。

最後一部分是抽籤配對法與解籤歸納法的真實案例運用，我會在當中公開神明傳授的兩支籤詩、三支籤詩的解法，讓大家學習。至於結語，則是教導大家如何將邏輯性與系統性思考運用在解籤上。

讓你的問事功力脫胎換骨

本書的每個章節都非常重要。看完之後，我相信大家會有一個清楚的認知：「其實我們真的只是一個『人』而已，沒有神明在背後教導與幫忙，人的能力就只有這麼多。」我更相信，大家如果能認真讀完《神明所教的60甲子籤詩解籤訣竅》，問事功力一定會跟以前大不相同，會有脫胎換骨、醍醐灌頂，進而信心大增並回味無窮的感覺。

——**王崇禮**博士

前言

即將問世的宗天宮

「一個人的真面目往往要看他成功時的表現。」這句話真的是一點也沒錯。我曾經經歷過，也看過一些宮廟，沒有成立管理委員會，也就是屬於私人宮壇，任何做法皆未經過提議、表決、決議等程序正義，宮壇的錢要怎麼花，都是一個人說了算。缺少這種程序正義的監督，是管理宮廟最大的弊病，同時也是相當危險的做法。

神明存在的價值？

果不其然，當宮廟的知名度打開了，他們的一些做法就開始出現爭議。民眾開始接二連三地抱怨與投訴：光點一盞燈一年竟然就要價數千塊、問事掛號費索價上千塊、辦事要好幾萬塊錢才處理——就連低收入戶也不放過……簡直是利令智昏，完全忘記當初開宮廟的初衷。

不僅如此，這些錢最後用到哪裡，既沒有被監督，也沒有一個人知道。我警覺到事情的嚴重性，也察覺其中確實存在著許多弊病——金錢利益與宗教簡直可說是完全結合在一起了。我心知肚明，這些弊病只會日益嚴重，絕不會頓時消失；其中，最讓我氣餒的是：我明明知道問題在哪裡，卻無能為力改變它。好幾個月下來，我的內心天人交戰，不斷思考著三件事情：

第一、神明存在的價值到底是什麼？
第二、我為神明服務的意義在哪裡？
第三、身為知識分子，我究竟該不該再這樣繼續下去？

於是我到嘉義笨港口港口宮，點香向媽祖稟報來龍去脈，懇請媽祖指點我接下來該怎麼做。

媽祖入夢託付

媽祖果然是慈悲的，祂明白我處於天人交戰的窘局，在我點完香的當天晚上就托夢給我：

我右肩扛著一尊又大又重的神明，正要走去一間廟。於此同時，我的腰間用一條繩子綁著一塊又大又重的金塊。我小心翼翼的扛著這尊神明往前走，但它很大又很重，所以我走得又累又喘，全身是汗。就在這個時候，綁著金塊的繩子快要脫落，眼看金塊就要掉下去，我趕緊伸出左手想抓牢它，以免它掉落，但我發現：只要伸出左手想抓住金塊，我的重心就會搖晃不穩，右肩上的神明馬上就會倒下；如果想護著神明，金塊就會掉下去。

我陷入兩難，不知道該如何抉擇。於是，我問自己說：「我到底是要腰上的金塊？還是要肩上的神明？」

正當我不知該如何抉擇時（要錢，還是要神），忽然想起十八年前在港口宮閉關時，媽祖曾經對我說過的一句話：「弟子，你知道什麼人會來問神嗎？」

我回答說：「不知道。」

媽祖繼續對我說：「大體而言，會來問神的，大多是遇到困難的人，他們不但經歷了許多瓶頸和挫折，當中有些人甚至到了家破人亡、走投無路的地步。弟子，你這一生何其有幸進入神道，為神明服務，但如果沒有慈心跟悲心，或者慈心跟悲心還深埋在內心深處，我勸你就此停止，不要繼續走下去了。為神明服務者若缺少這兩個關鍵要素，不但會害了別人，更會害了你自己，你要好好考慮清楚。」

這個時候，跪在媽祖面前的我哭著說：「港口宮媽祖，弟子在此承諾，日後弟子若學有專精，可以為神明服務，一定時時刻刻提醒自己，不忘慈心跟悲心。」

才剛講完，媽祖便散發出非常慈祥又莊嚴的法相，將跪在地上的我牽起來，對我說：「弟子既已表明心志，期望你『一本初衷，自始至終』。」

想起媽祖的交待後，我毅然選擇不讓神明倒下來，至於腰上的金塊，要掉就讓它掉吧！於是，我用力護著肩膀上的神明，繼續往前走，走不到兩步，金塊就掉下去了。我就這樣繼續前進，走進一間廟，小心翼翼的把肩膀上的神明安然無恙的放在神桌上。

接著，畫面切到我在鳳山天公廟的天公爐旁，跟一位長相斯文的先生聊天。這位先生開口對我說：「經過快二十年的學習與磨練，依我的觀察，你的所學已經到達一定的程度。現在，我要給你一個新任務：走出去傳道，運用神明教你的方法幫助更多困苦的人，就近幫他們問事，減少他們的負擔。這個社會上還有很多人被忽略，他們百般無奈，只能躲在角落暗自哭泣，人雖然還活著，心卻接近枯萎，只能日日淚眼問蒼天。你雖然無法幫到所有的人，至少能幫助有緣人。去吧！弟子，走出去的時候到了，去完成你這輩子的天命。我已經幫你選好了，你現階段的問事地點就在北、中、南的宮廟。我也幫你找好未來的地點了，時機一到自然會告訴你。」

我哭著點點頭說：「我知道了。」

話一說完，我就醒過來了。夢醒之後，我已大略知道神明想要說什麼，但為了慎重起見，還是得擲筊確定自己到底有沒有會錯神意，這樣也才能比較心安，畢竟這是一件非常重大的事，天意如何指示也決定了我下一步該怎麼走。

於是，我隔天立刻動身前往鳳山天公廟，點香向玉皇上帝稟報整件事情的來龍去脈以及我的夢境，之後再報告心中想要問的事。

玉皇上帝的指示

大約過了一炷香的時間後，我開始擲筊請示玉皇上帝。首先要請示的是，我要問的事情跟這個夢境有沒有關連？

為什麼要優先請示這個問題呢？因為如果沒關連，便代表我要問的事跟夢境分屬兩個獨立事件——A不等於B，得一件一件分開請示，不得混為一談；但若有關連——A＝B，那兩件事情便可整合起來請示（A是我的三點疑惑：一、神明存在的價值到底是什麼？二、我為神明服務的意義在哪裡？三、身為知識分子，我究竟該不該再這樣繼續下去？B是我做的夢）。

玉皇上帝以三個聖筊指示我此夢境跟欲問之事有關。既然有關，我立刻先把夢境解一次。

夢境及解析

第一個片段

我右肩扛著一尊又大又重的神明，正要走去一間廟。於此同時，我的腰間用一條繩子綁著一塊又大又重的金塊。我小心翼翼的扛著這尊神明往前走，但它很大又很重，所以我走得又累又喘，全身是汗。就在這個時候，綁著金塊的繩子快要脫落，眼看金塊就要掉下去，我趕緊伸出左手想抓牢它，以免它掉落，但我發現：只要伸出左手想抓住金塊，我的重心就會搖晃不穩，右肩上的神明馬上就會倒下；如果想護著神明，金塊就會掉下去。

我陷入兩難，不知道該如何抉擇。於是，我問自己說：「我到底是要腰上的金塊？還是要肩上的神明？」

夢境解析

為神明服務、配合神明濟世救人這條路有很多考驗，當中也包含金錢的誘惑。一邊是神明，一邊是金錢，就是在考驗我的心性與宗教原則：究竟是要顧「神明」，還是顧「金錢」？

第二個片段

正當不知該如何抉擇時（要錢，還是要神），我忽然想起十八年前在港口宮閉關時，媽祖曾經對我說過的一句話：「弟子，你知道什麼人會來問神嗎？」

我回答說：「不知道。」

媽祖繼續對我說：「大體而言，會來問神的，大多是遇到困難的人，他們不但經歷了許多瓶頸和挫折，當中有些人甚至已到了家破人亡、走投無路的地步。弟子，你這一生何其有幸進入神道，為神明服務，但如果沒有慈心跟悲心，或者慈心跟悲心還深埋在內心深處，我勸你就此停止，不要繼續走下去了。為神明服務者若缺少這兩個關鍵要素，不但會害了別人，更會害了你自己，你要好好考慮清楚。」

這個時候，跪在媽祖面前的我哭著說：「港口宮媽祖，弟子在此承諾，日後弟子若學有專精，可以為神明服務，一定時時刻刻提醒自己，不忘慈心跟悲心。」

才剛講完，媽祖便散發出非常慈祥又莊嚴的法相，將跪在地上的我牽起來，對我說：「弟子既已表明心志，期望你『一本初衷，自始至終』。」

夢境解析

這個片段是港口宮媽祖在提醒我——會來問神的大多是遇到困難的人，切記當初在港口宮閉關時祂跟我說過的話，也不要忘記我當初對祂做過的承諾，更不要因為物換星移、時過境遷，就忘記祂對我「一本初衷，自始至終」的期望。

第三個片段

我想起媽祖的交待，毅然選擇神明，不能讓神明倒下來，至於腰上的金塊，要掉就讓它掉吧！於是，我用力護著肩膀上的神明，繼續往前走，走不到兩步，金塊就掉下去了。我繼續前進，走進一間廟，小心翼翼的把肩膀上的神明安然無恙的放在神桌上。

夢境解析

這個片段的意思相當明顯，「配合神明濟世救人」跟「金錢」之間無法兩者兼得，只能擇其一。而我，毅然選擇了神明，並沒有讓神明從我的肩上倒下，而且為了專心護住神明，任由腰上的金塊掉下去。這就代表神明在告訴我，為神明服務、配合神明濟世救人這條路，不能選擇利益，一旦選擇了利益，極有可能會利令智昏。很幸運地，我通過考驗，選擇了神明這條路。

第四個片段

接著，畫面切到我在鳳山天公廟的天公爐旁，跟一位長相斯文的先生聊天。這位先生開口對我說：「經過快二十年的學習與磨練，依我的觀察，你的所學已經到達一定的程度。現在，我要給你一個新任務：走出去傳道，運用神明教你的方法幫助更多困苦的人，就近幫他們問事，減少他們的負擔。這個社會上還有很多人被忽略，他們百般無奈，只能躲在角落暗自哭泣，人雖然還活著，心卻接近枯萎，只能日日淚眼問蒼天。

你雖然無法幫到所有的人，至少能幫助有緣人。去吧！弟子，走出去的時候到了，去完成你這輩子的天命。我已經幫你選好了，你現階段的問事地點就在北、中、南的宮廟。我也幫你找好未來的地點了，時機一到自然會告訴你。」

我哭著點點頭說：「我知道了。」

夢境解析

身為知識分子就要有知識分子的風骨，玉皇上帝指示我：離開目前這間宮廟的時間已到，該走出去幫助更多需要幫助的人了。全國各地的民眾中，有些人為了問事，不辭辛苦地來回奔波，也因此花費了更多金錢；更有一些人因為時間上無法配合，遲遲未能前來問事，導致事情日益嚴重……因此，玉皇上帝才會指示我現階段先在北、中、南巡迴問事（此為二〇一四年時），等將來時機一到，就會有一個固定的問事場所了。此外，將來如果有人想要學習問事，也應該把這一套擲筊問事的方法宣揚出去，這就是所謂的「弘揚、傳道」。

道邪人正，其道也正；道正人邪，其道也邪

解好這四個夢境片段後，我再一次請示玉皇上帝，看看解得對不對？我擲下手上的一對筊，第一個聖筊、第二個聖筊……當第三個聖筊出現時，我內心激動不已，眼睛一直看著玉皇上帝的金身，好幾分鐘都沒有辦法移開。這三個連續的聖筊不只完全解開心中的所有疑惑，也讓我更加堅定信心。除此之外，玉皇上帝甚至還指示我應該在哪一月、哪一日、哪一時離開。

然而，身為一個專業的問事神職人員，不能只得到三個聖筊就結束，還必須把這整件事情做一個完整的歸納。從玉皇上帝給我的這三個聖筊，我已經確定：

❶商業利益絕對不能凌駕於宗教與神明之上。神明之所以為神明，是神清而目明，對於任何的信徒都沒有分別心。神明存在的價值是救苦救難、普渡眾生，就算無法幫人一把，也不能落井下石，更不會向面臨窮困潦倒的信徒要求開價辦事。

❷既然已經了解神明存在的價值，那麼我為神明服務的意義就非常清楚了：學習神明的慈悲心，

跟隨神明的腳步濟世救人，一切隨緣，一切隨喜，完成上天交給我的使命，才不枉此生在這人世走上一遭。

❸既然玉皇上帝明白指示我，離開的時間已到，那我就必須選擇離開。身為一個知識分子，要有所為、有所不為，既然發現這個地方已開始違背宗教濟世的原則，而我又無法改變它，那就絕不能跟著同流合汙。我永遠記得我先前對港口宮媽祖的承諾，也絕不會忘記祂對我的期望，永遠不會！雖然選擇了離開，但我內心清楚上天是支持我的，這一點對我來說非常重要。

請示完玉皇上帝後，我騎在回家的路上，一邊思考著：一間好的宮廟，若是被走偏的人管理，整間宮廟最後也會慢慢走偏；一間走偏的宮廟若被正派的人管理，將來也有可能會慢慢地被導入正道。因此，「人」對於一間宮廟發展得正與不正，或者能不能香火鼎盛，扮演著非常重要的角色。我想，這就是「道邪人正，其道也正；道正人邪，其道也邪」的意思吧！

正式發布離開聲明，實行全國北、中、南問事

自從港口宮媽祖托夢並得到玉皇上帝三個聖筊的指示後，我更堅定「一本初衷，自始至終」的原則，也更確定自己未來的方向，便遵照玉皇上帝指示的時間點，於二〇一四年一月，在我的「問神達人　王崇禮老師」粉絲專頁正式發表離開聲明稿，往下一個里程碑邁進。

從發布離開聲明稿至今，全臺北、中、南各地大概有超過五十幾間宮廟開始跟我接觸，邀請我到他們的宮廟駐場，濟世問事。只是，經過之前宮廟的事，我深深體會到宗教沒有我原本想像

中單純，神明是很單純沒錯，但人心的複雜才是真正令人灰心的主因。再說，玉皇上帝已事先幫我選好問事地點，我只好感謝對方不嫌棄我資質愚昧，委婉地一一回絕了這些邀約。

當然，剛開始實行全國問事時確實不是很順利，當中也發生了一些小插曲，需要雙方的協調、溝通，而後產生共識，才能正式執行，我也在這樣的過程中學到很多很寶貴的經驗。

最讓我感動的是，這幾十間邀請我去駐場濟世問事的宮廟都曾對我說過相同的話：「王老師，就是信任你、相信你的專業，才會邀請你來我們的廟問事，請一個不信任或不正派的人來廟裡，不是自找麻煩嗎？」要贏得一個人對你的完全信任，是一件非常不容易的事，更何況是這些擁有百年歷史的大廟。我在走出這些廟的大門時，情不自禁抬頭往天上看，心裡面很激動的說：「上蒼以及港口宮媽祖，弟子不會讓你們失望的，請助弟子一臂之力吧！」

宗天宮的出現

某次，從港口宮拜拜完回去後的晚上，我做了一個夢，夢到：

我坐在港口宮廟門口的一棵大樹下乘涼，忽然有一位婦人跑過來跟我說：「弟子，你在北、中、南問事這段期間，玉皇上帝跟港口宮媽祖都在暗中觀察你，你已經通過上天對你的考驗。只是，因為某些環境及人為因素，導致你無法完全發揮神明傳授給你的東西，接下來，你該找一個地方了，在那裡，不只能夠把神明教你的專業知識發揮出來，將來還可以開班授課、傳道，將這些專業知識傳授給有心學習的人。弟子，你要準備找一個地方建廟，我已經幫你跟玉帝稟報這件事，玉帝也同意了。你建廟的玉旨就在臺南關仔嶺的天公廟，趕緊去領旨吧！」

說真的，這個夢其實很明顯易懂，但我醒來後卻想：「有可能嗎？叫我建廟？不會吧！」建廟是何等大事，要完成絕非易事，一切事項都要天時、地利、人和三者齊備才有可能，怎麼會在這個節骨眼上叫我建廟？我以目前的時機和現實生活的狀況，判斷沒辦法辦成這件事，所以根本沒把這個夢當一回事，也就沒去請示神明，沒想到，三天後我又做了一個夢：

我在鳳山天公廟擲筊，有一位老伯伯臉色不悅地走過來對我說：「年輕人，上次跟你講過的事情，你怎麼都沒放在心上？」

我很好奇地反問這位老伯伯說：「什麼事我沒放在心上？」

「有放在心上嗎？那麼，你上次的夢怎麼沒有去問出來？」

「什麼夢？」我一頭霧水的問。

老伯伯說：「就是建廟的那個夢啊！你別以為這個夢是胡亂夢的，這個夢很重要！走，我帶你去見一個人。」於是，這位老伯伯帶我走進廟裡，要我在一個房間外頭等待。不久後，房間裡傳來喊我名字的聲音，此時老伯伯對我說：「換你進去了。」

一走進房門，我立刻發現整個房間充滿香味，有點像是花香跟檀香混合在一起的味道。房裡坐了好幾個人，坐在中間那位好像就是我上次夢境中，在天公廟天公爐旁那位長相斯文的先生，他一看到我，就笑笑地對我說：「坐吧！」於是，我就近找了張椅子坐下。

那位長相斯文的先生開口對我說：「我先跟你介紹坐在我旁邊的這位先生，他是從臺南關仔嶺天公廟來的。」

我向他點點頭，說：「你好。」

「你知道我們為什麼叫你來這裡嗎？」我搖搖頭。

「叫你來，是因為你上次做了一個很重要的夢卻沒請示。再不請示會耽誤很多事，所以今天才把你叫來，親自跟你說明白。你要建廟的玉旨就在這位先生那邊（指關仔嶺天公廟來的先生），快去領旨，千萬要把這件事放在心上，才不會誤事！」

他說完後，臺南關仔嶺天公廟來的先生也跟著接話：「這幾天趕緊來找我，這一張公文給你，你現在看一下。」

我把那張公文接過來之後打開一看，裡面寫著：

「上天施恩，准許建廟，神明所教，傳於後世，現賜宮名：『宗天宮』。」

我醒來之後坐在床上想，這件事好像是來真的，不然怎麼會沒隔幾天又夢到類似的夢？事不宜遲，我決定馬上到鳳山天公廟請示玉皇上帝，問問這個夢究竟是不是在講建廟的事。到達了天公廟，我一如往常地先點香稟報整個夢境，並且在等待三十分鐘後開始擲筊請示。

我很謹慎的問玉皇上帝說：「蟻民這幾天接連做了兩個有關建廟的夢，夢境的情形也已點香一一向玉皇上帝稟報，蟻民今天要來請示，這兩個夢是否確實在指示蟻民準備建廟，而建廟的玉旨在臺南關仔嶺天公廟，宮名為『宗天宮』？如果是的話，請給蟻民三個聖筊。」

擲出來的結果真讓我冒了一身冷汗，玉皇上帝竟一連給我八個聖筊（為了求更高的準確率，

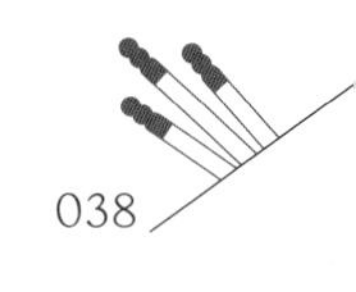

我擲出三個聖筊後又繼續擲），並指示我寫好疏文（在黃色的紙或布上寫下要祈求的事，待玉皇上帝准許後再燒化，意謂著敬告神明），並且在三天之內到臺南關仔嶺天公廟領建廟玉旨。

事情發展到這個地步，真的完全出乎我意料，我根本沒想過要建廟，也不想要建廟，但今天既然得到這種結果，這條路好像不走也不行了。話雖如此，我心裡還是盤算著：「先不要急著下定論，反正橫豎都要去臺南關仔嶺天公廟，到時也可能擲不到筊，只要擲不到筊，我就不用建廟了！」說真的，當時我對建廟一事確實有點抗拒。

承蒙上天眷顧，正式賜名「宗天宮」

從鳳山天公廟請示回來後，我馬上寫好疏文，隔天一早八點多，便跟我的結拜兄弟兼學校同事——林宏濱一同開車前往臺南關仔嶺天公廟。一路上，我的心情可說是七上八下、五味雜陳。就這樣開了一個多小時的路，我終於來到目的地。遇到這樣重大的事情，最好讓玉皇上帝有足夠的時間詳細查明案情，我的做法是：第一炷香先稟報整件事情的來龍去脈，第二炷香再宣讀疏文，第三炷香後準備擲筊。這件事情不比往常，多等一些時間是有必要的。

等到第三炷香燒到三分之一時，我便開始準備擲筊。「奉請關仔嶺天公廟玉皇上帝，奉高雄鳳山天公廟玉皇上帝的指示，建廟之事的玉旨是在臺南關仔嶺天公廟這裡，所以，蟻民今天遵照指示前來領玉旨。如果玉皇上帝已經准許蟻民，並正式賜旨給蟻民建廟的話，請給蟻民三個聖筊。」第一次擲下去，聖筊；第二次擲下去，又是聖筊；到了第三次，我在擲筊前抬頭看了看玉皇上帝，才謹慎的把筊擲下去，還真的出現了第三個聖筊！

一時之間我也不知該做何反應，這難道是天意？平時幫信徒問事時，偶爾會看到信徒緊張到手發抖，沒想到自己竟然也有擲筊擲到手發抖的一天。有那麼一瞬間，我真的不知道該如何解釋這個結果。再一次抬頭看玉皇上帝，我想：「天啊！還真的出現了三個聖筊，這代表臺南關仔嶺天公廟的玉皇上帝已經正式賜旨建廟，我想都沒想過的事情竟然會在今天發生！」

在心情稍微平復，準備要起身之際，我才忽然回過神，想到還有件很重要的事情沒證實，那就是宮名。雖然上次已在鳳山天公廟請示過宮名，但為了慎重起見，還是要誠心祈求臺南關仔嶺天公廟的玉皇上帝再指示一次，我向玉皇上帝稟報道：「雖然上次已在鳳山天公廟請示過宮名，但這件事情事關重大，蟻民不得不慎重，求玉皇上帝體諒蟻民的苦衷，上蒼既已賜旨准許建廟，誠心祈求玉皇上帝大發慈悲，再一次指示宮名為何。如宮名依然跟夢中顯示的一模一樣，蟻民將疑慮盡消，之後一定盡全力完成使命。」

稟報完之後，我從胸前的口袋拿出一張紙條，上頭列了我昨晚寫好的十個宮名，我打算擲筊請示玉皇上帝，看看哪個宮名能得到三個聖筊。當然，這十個宮名中也包括了宗天宮——我還特意將它寫在最後一個。我從第一個宮名開始請示，結果，第一個沒有指示、第二個也沒有指示……一直到第九個都沒有得到任何聖筊。現在，只剩下最後一個宮名了——也就是宗天宮。

我請示玉皇上帝說：「如果宮名確定是『宗天宮』的話，請給蟻民三個聖筊。」

結果……我的天啊！真的只有宗天宮得到了三個聖筊！前面九個宮名都沒有得到指示，偏偏是最後一個宮名出現了三個聖筊，跟我的夢境和鳳山天公廟請示到的結果一模一樣。這樣的結果、這種機率，讓我和我的結拜兄弟都愣住了，這又該怎麼去解釋呢？

當時當刻，沒有人能想像我內心有多敬佩眼前的上蒼，我站了起來，往凌霄寶殿的門口走

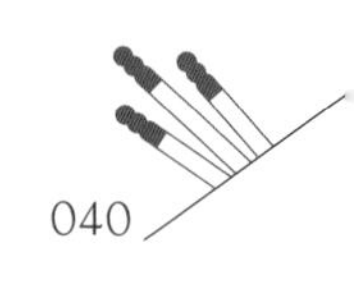

去，抬頭看著那塊寫著「一」字的匾額，大大歎了一聲。我對自己說：「知道這個『一』字是什麼意思嗎？意思就是任你千算萬算，還不如天一劃。也可以說，如果真的是上天安排，誰都改變不了。蒼天啊，我今天總算見識到什麼叫天威在上了，著實讓我誠惶誠恐！」

天意，真的是天意。

告訴我，為什麼要叫宗天宮？

雖然我心裡的疑慮已消，但依我的個性，還是要搞清楚最後一件事情，那就是玉皇上帝為什麼賜名宗天宮？這個名字的意義到底是什麼？

根據我過去協助人建立宮廟的經驗，每間宮廟的宮名都不是隨便取的，而是經過神明跟玉皇上帝所准許。而且，宮的名字就跟人的姓名一樣，都有代表性的意義。如果連自己的名字有什麼含意都不清楚，那不是很奇怪嗎？人名尚且如此，更何況是宮廟的宮名。

於是，我在回家前再次上香稟報玉皇上帝：「蟻民今天的疑慮已盡消，也會遵天旨而行，但最後還有一件事情要祈求玉皇上帝開示：賜旨要蟻民建的廟為什麼會取名為宗天宮？這宮名的意義是什麼？」結果玉皇上帝給了我三個聖筊，指示會在三天之內托夢給我。

回到家後，我特地上網查了一下，發現宗天宮的名字竟然沒有跟任何宮廟重複！就我所知，全國的宮廟名字多有重複，完全沒撞名的情形可說是非常難得一見，也讓我更加堅信：這個宮名一定有其特殊含意。接下來，就只有等玉皇上帝的托夢了。

第一天沒夢到，但到了第二天，玉皇上帝就托夢了：

我在一間很大的廟裡頭問事，抬頭一看，這間廟的宮匾上寫著「宗天宮」。有非常多人在排隊等著問事。幫這些信徒問完事後，我站起來跟大家講：「現在所有問事都已經問完了，等一下要開始上課。」接著，我走進一間很大的教室，教室內坐滿了前來上課的學生，還有很多沒位置坐的人站在走廊上聽課。在這些學生當中，有很多人已經在宮廟裡服務了多年，但仍舊前來進修，學習更深入的問事技巧。

我拿起課本對臺下的學生說：「我今天要幫大家上的課叫做『問事課』。問事課不只要教大家如何精準的擲筊問神，還要教大家如何精準的『解籤』跟『解夢』。此課程會分成初階班、進階班、高階班，我要把神明教過我的功夫，傳授給後代有緣人和有心想學習的人，一切順其自然，不強求。」

學期末時，我拿著成績單跟學生檢討學習的成果，一一告訴他們目前已學到什麼程度、哪裡還要加強，以及接下來可以再學什麼。

醒來之後，我這才恍然大悟。「原來如此！原來玉皇上帝所賜的宮名就是這個意義。」為求謹慎跟嚴謹，我再次前往臺南關仔嶺天公廟，請示我的解夢是否正確。點香稟報後，又過了大約四十分鐘，我才開始擲筊請示：「蟻民這個夢境是否確實在講宗天宮宮名的意義？」玉皇上帝一下子就給了我三個聖筊。

「既然已經確定這個夢境是在講宗天宮的意義，那是不是表示宗天宮的存在價值不只有問事，還要開班授課，把神明教過我的專業知識流傳於後世，教導有心學習的有緣人？如果是的話，請給蟻民三個聖筊。」玉皇上帝馬上又連續給了我三個聖筊。加上前一個問題的三

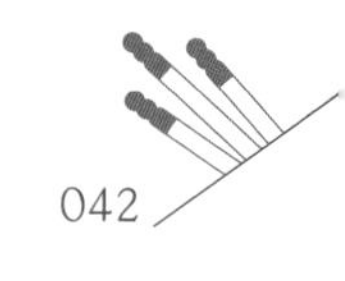

個聖筊，已連續出現六個聖筊了。看到這個結果後，我看著玉皇上帝，不由自主的點點頭說：「我懂了，我終於知道『宗天』這兩個字的意義了！『宗』者，傳授神明所教，流傳於後世，開創新的里程碑；『天』者，上天所賦予之使命；『宗天』者，接受上天賦予我的使命，將神明的教導傳授給人並流傳於後世，以開創新的里程碑。」

離去前，我再次上香祈求玉皇上帝：「上蒼賜旨，給了我這個歷史性的任務，但單靠個人的力量是不可能完成的，因此，誠心祈求上天能夠助宗天宮一臂之力，早日完成這項重大的建廟任務，望上蒼相助。」

天助自助，共襄盛舉，邁向下一個里程碑

從離開宮廟、托夢要建廟、宗天宮的出現，直到得知宮名的意義，這當中花了許多時間奔波，也經歷過不下二十次直接或間接的驗證再驗證、確認再確認，直到今天，我所有疑慮都已消除。建廟是何等重大的事，單靠一個人的力量不可能完成，還需要大家的支持與共襄盛舉才有可能完成。很感恩，已經有一些認同我的理念、對道教有著共同理想及遠大抱負的好友們和我一起進行籌劃與籌備，內政部也正式發函准許籌組台灣宗天宮慈善功德會，也有合法的帳號（戶名：台灣宗天宮慈善功德會；帳號00415490492593），進而籌備宗天宮管理委員會。一間宮廟一定要有一個公開且透明的監督機制，符合程序正義，才不會藏汙納垢。

衷心期待宗天宮能早日建廟完成，及早開始問事、教學，為道教盡心力，傳承正信宗教信仰，呈現嶄新問事風貌。天助自助，期待有共同志向與理念者共襄盛舉，攜手邁向新里程碑。

精準解籤前
你一定要知道的事

籤詩是我們在問神時，最常用到的一種問事工具。想要將籤詩解得精準，在培養解讀的功力之前，抽籤詩時的心態和程序絕對不能錯誤。因此，在正式進入解籤前，我們先來簡單複習一下抽籤詩的意義和步驟。此外，我還會特別跟大家分享一個新概念：籤詩排列順序組合的訣竅。

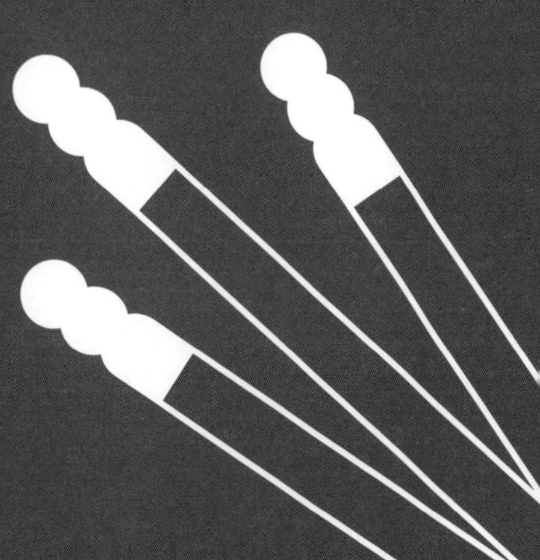

籤詩的意義和使用時機

我常看到有人來廟裡求神問事，就直接抽起籤詩來，這其實是錯誤的做法。籤詩絕對不能想抽就抽，一定要先請示神明是否要賜籤詩，神明應允了，才可以抽。明明能透過擲筊解決的問題若貿然選擇抽籤詩，容易造成判斷上的混淆，把事情弄得更複雜、更加不可收拾。

因此，建議問事時先以擲筊問神明好與不好、要與不要，或可不可以，如果都沒有得到指示，再來求神明出籤詩。

籤詩的意義就是：神明有很多話要說，用擲筊的方式無法把神明的意思百分之百傳達下來，才藉由籤詩來解釋——也就是說，神明之所以賜籤詩，並非回答我們單純想問的好與不好、要與不要而已，而是指示隱藏在好與不好、要與不要的背後，我們所看不到的一些問題。

想要正確的抽籤詩和解籤詩，讓問出來的答案更加的準確，有三個重點要特別注意：

第一步，先了解籤詩的意義（擲筊問不出答案時才會用到的方法）。

第二步，了解問題的屬性是以擲筊請示就可以，還是要以抽籤詩來解答。

第三步，最後要學的才是解籤詩，也就是本書的重點。

王博士小講堂

問事的時候，要知道神明並不會講話，想得到最準確的答案，得先切割問題：

❶**先問是非題、選擇題：**問神明這樣是不是、對不對、好不好……，此時通常都是先用擲筊這個工具。

❷**如果這樣還問不出答案，再來考慮問答題、申論題：**如問神明是否要透過抽籤詩、托夢、起乩等方式講背後原因、事情始末……。

抽籤詩的步驟和注意事項

想以抽籤詩的方式來求助神明，先決條件就是抽籤詩的程序要正確，一旦程序錯誤了，所抽出來的籤詩就一定會錯誤，而抽出來的籤詩如果錯誤，解籤詩就一定也是錯誤的了——籤詩解得正不正確，首要關鍵就在於抽籤詩的步驟。

抽籤詩的正確步驟

❶點香跟神明稟告你的姓名、出生年月日（農曆為佳，若是國曆請務必講明）、住址，以及心中所要問的事情，記得要清楚描述問題，並設定幾個選項。

❷等待三分之二炷香或一炷香的時間，讓神明徹底調查一下問題的原委。

❸一定要先問過神明是否賜籤才抽，否則得出來的答案容易不準：問神明是否要賜籤回答的同時，亦可決定好「抽籤配對」（見本書第貳部），若神明以三個聖筊回覆，才能抽籤詩。

❹抽完第一支籤後，要向神明確認是否是這支籤（一定要連續三個聖筊才可以）。

- **是↓**表示第一支籤已確定，接著須再追問是否有第二支籤、第三支籤……以此類推。問是否有第二、三……支籤詩時，只要一個聖筊就可以成立。若有，則繼續抽（此時須把剛剛那些沒擲出三個聖筊的籤，放回籤筒重抽）；若無，就停止抽籤，但每支籤都要確認是否是該支籤（連續三個聖筊才算數）。

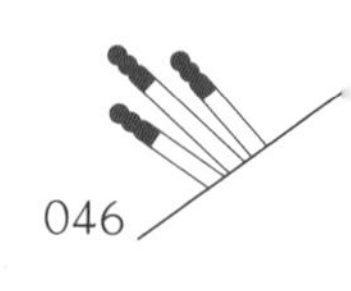

・否↓請將這支籤放到一旁（勿投入籤筒以免重複抽到），再次抽籤，接著詢問是不是這支籤，直到擲出三個聖筊為止。

確認是否是該支籤時，一定都要連續擲出三個聖筊才算。

❺抽完的籤詩一定要照順序排列，以免解讀錯誤。

❻解籤詩：

・先確定所抽到的籤詩「歸納」在哪一方面，如欠點、時間點……等（見本書第參部），搭配神明之前指示的「配對」來解。

・每張籤詩一定都會有詩句和該籤詩的歷史典故（見本書第肆部），若有疑惑和不解之處，最好諮詢專業人士，因為其中的典故和意涵往往非常奧妙，隨意解讀恐怕會得不到正確答案。

籤詩排列順序組合的訣竅

前面提到，我們抽到的籤詩一定要按照順序排，這是因為神明賜的籤詩有順序性、階段性、時間性，而在解籤詩時，也有一定的訣竅。神明教導我，單獨一支籤詩的解法跟兩支籤詩以上的解法完全不同。一支籤詩當然只看該支籤詩的詩句來判斷，而兩支籤詩以上，解法就必須有連貫性。

一支籤詩的解法

前兩句詩句代表「過去一直到現在」，後兩句詩句代表「未來」。

王博士小講堂

關於籤詩的數量，千萬不要自作主張，一定要抽完一支籤後，再問神明要不要再賜第二支籤，第二支籤抽完之後，再問神明有沒有第三支籤，這樣才是最準確的問法。

兩支籤詩的解法

第一支籤詩代表「過去一直到現在」，第二支籤詩代表「未來」。

❶**不好↓好＝**「過去一直到現在」都有一個問題存在，所以不順，要先克服第一支籤的問題，「未來」才會走到像第二支籤所說的順利。

❷**好↓不好＝**「過去一直到現在」算順利，不過接下來會漸漸走到第二支籤所說的不順，必須特別注意。

三支籤詩的解法暨好壞排序

第一支籤詩代表「過去」，第二支代表「現在」，第三支代表「未來」。

❶**好↓好↓好＝**過去不錯，現在還順利，接下來還會持續順利。

❷**好↓好↓不好＝**過去不錯，現在還算順利，可是接下來開始要漸漸注意了。

❸**好↓不好↓好＝**過去不錯，現在開始不順，但是未來會慢慢順利。

❹**好↓不好↓不好＝**過去不錯，現在開始不順，接下來還是要注意。

❺**不好↓不好↓不好＝**過去不順，現在也不順，接下來還是要特別注意。

❻**不好↓不好↓好＝**過去不順，現在也不順，但是未來會慢慢順利了。

❼**不好↓好↓不好＝**過去不順，現在開始有一點順利，可是接下來開始要漸漸注意了。

王博士小講堂

多支籤詩的解法，還有一個重點要特別注意——釐清問題的屬性：

❶所問之事從過去到現在都不順，你想了解原因而抽到籤詩，神明通常會從過去、現在、未來跟你交代清楚，此時就會運用到籤詩排列順序組合的技巧。

❷所問之事最近剛發生，你想找到解決之道而抽到籤詩，多依每支籤詩的歸納（見第參、肆部）下去解。

❸所問之事還沒做，你想問能不能做而抽到籤詩，多依每支籤詩的歸納下去解。

❽ **不好↓好↓好**＝過去不順，現在開始有點順，接下來還會持續順利。

四支籤詩以上的排列順序也以此類推；切記，不管抽到幾支籤詩，從第一支籤詩到最後一支籤詩的內容，即神明要告訴當事人事情的始末和進展。

不要害怕、逃避不好的籤詩

很多人抽到「看似」不好的籤詩會逃避不想面對，或不斷重抽，直到抽到好籤；這種錯誤的態度非但無法解決問題，還會使問題更加嚴重。神明既然賜下提醒你不順或有問題的籤詩，自然有祂的解決之道，你該做的是請示神明該如何解決。若抽到好籤，也別因此而有恃無恐，不做任何努力。

神明所教的變化無窮

六十甲子抽籤配對法

六十甲子抽籤配對法與解籤歸納法（見第參部）是我閉關四十九天時，神明傳授的問神及解籤技巧，這是在當今社會有錢也學不到的。時至今日，時機已到，受玉皇上帝的指示，要把這門學問傳給全國大眾有緣人以及有需要的人學習——只要我們懂得抽籤配對法的技巧，神明的意思就不會再被曲解了。希望大家看完之後能有所精進，也可以因此更明白：神明的智慧是人無法想像的。

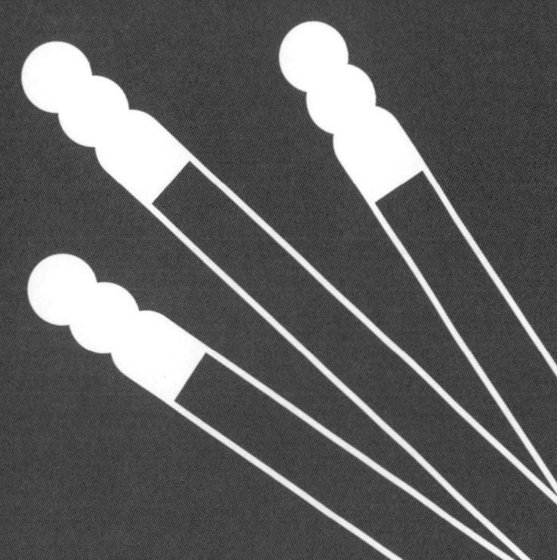

抽籤配對法的重要性

馬路上行駛的汽車——相信這是人人都見過、非常習以為常的畫面，然而，以工業的角度來看，汽車的「行駛」只不過是一個表象，一輛汽車必須要三個系統——冷卻系統、爆炸系統、排放系統——同時產生作用，才能夠行駛，只要少了當中任何一個系統，就無法讓汽車發動、行駛。電視也是一樣的道理，我們透過電視看到了「畫面」，但如果把電視機拆開來，就會看到許多複雜的電子零件組合系統，這些系統必須一起產生作用，才能夠讓我們看到影像。再以食品的角度來看：至少要有糖、鹽、麵粉這三種成分結合在一起，才能產生一塊餅乾；就連每天要喝的水，也必須兩個氫和一個氧結合在一起，才能變成水分子。

以上這些例子究竟想表達什麼呢？

我想要告訴各位的是，在這個世界上，很少有一樣東西是藉由單一個元素產生的，往往需要多種元素的聚集，才能成為一樣東西。同樣的道理，解籤解得「很準」也是一個表象，那麼，需要哪些元素共同產生作用，才能夠將籤詩解得很準確呢？接下來的內容就是在跟大家分享這方面的知識——

準確解籤的必備元素。

問神要問得精準、解籤要解得精妙，這些元素可以說是非常、非常的重要，無論如何都一定要仔細閱讀、融會貫通。如果不知道它們的奧妙，在問神的過程中一定會被自己有限的功力所限制，在解籤的部分尤其如此。

提升問事功力的祕招

相信絕大部分的人都知道抽籤詩，卻不知道籤詩還能夠配對。只要學會抽籤詩的變化無窮配對法及解籤的十大歸納法，不只能大大提升問神功力，甚至能更接近神明的邏輯，知道神明在想什麼。請神明賜籤之所以一直得不到三個聖筊（尤其是只有兩個聖筊），有一大部分原因是因為沒能了解「抽籤詩需要配對」的奧妙。問神是一種功力，要增加功力，就一定要打通任督二脈，第貳部便是問神任督二脈（抽籤配對法、解籤歸納法）的其中一脈……你說重不重要？

想要學六十甲子解籤法，首先必須要知道的是：籤詩有哪幾種變化——也就是抽籤配對法。抽籤配對法是神明告訴你所問之事該從哪個角度開始查，以及此事的涵蓋範圍到哪裡。

法無定法，水無常態

最後，還有一個非常重要的觀念要提醒大家，那就是「法無定法，水無常態」，世間萬物很少是絕對的，要懂得活用及融會貫通。舉個例子來說好了，乙巳籤雖然是跟欠點有關的籤詩，但如果問的是婚姻或感情，那乙巳籤就不能拿來講欠點了，應該變化成：神明在指示這個人，要特別注意目前的交往對象或即將交往的人，否則一不小心，很有可能會使自己變成感情中的第三者。

王博士小講堂

想要學六十甲子解籤法，第一步要先懂得如何運用變化無窮抽籤配對法，接下來還要學解籤歸納法——知道六十甲子籤詩有哪幾種歸納，將可以更精準的掌握神明想要表達的意思。解籤時，一定要將抽籤配對法及解籤歸納法兩者交叉運用，才能完全掌握神明的意思。

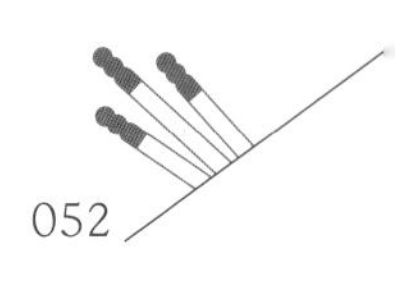

另外還有一個例子是：我曾遇到神明在抽籤配對上要給一個人欠點方面的籤詩，抽出來的卻是壬寅籤。壬寅籤雖然是歸納在「尚有波折，終能化險為夷」，但若要從欠點方面去解釋，依照神明的教導，就是要把它解成是有關神明或宗教方面的事。

事情是這樣的，之前有一位信徒來問事，他兒子雖然已到了三十而立之年，但無論是在心智上或想法上，都好像十幾歲的小孩子。神明給了他一支欠點籤詩，剛好就是壬寅籤。一問之下，原來是他的兒子小時候曾讓神明收為誼子，但十六歲時卻沒有舉行弱冠成年禮（被神明收為誼子時，需在十六歲時辦理弱冠之禮，表示已成年），導致年齡雖然已三十歲，心智上仍停留在十六歲前。我至今仍牢記神明傳授給我這支籤詩的另類解法，今天也在這裡跟有心學習解籤的人一起分享。

從這兩個例子我們就可以學到，問事沒有絕對，更不能一成不變。我們都會遇到不同的人、不同的案子，只要學會了書中的大觀念和大方向，並且活學活用、不執著，相信大家的問事功力一定都可以大大的提升。

六十甲子抽籤配對法

抽籤配對法就是神明要告訴你，你想問的事該從哪個角度看，以及這件事情的範圍涵蓋到哪裡。比如你今天來問身體，但身體問題有可能牽扯到家運或欠點等，所以我們必須要具備「抽籤詩需要配對」的概念，在處理身體問題時才會有深度和廣度。抽籤配對法須依循以下步驟：

❶ 抽籤時就要先配對。

❷ 先從常見的十六組配對開始問。

❸ 若得不到三個聖筊，再依據問題考慮其他的配對項目。

先確定配對法才能抽籤詩

請務必記住，配對法必須在抽籤詩之前決定，當你抽出了籤詩，卻不知道這些籤詩屬於何種配對，那抽籤詩的過程便算有瑕疵，因為你根本不知道從何解起。補救的辦法是擲筊請示神明該用哪種配對；不過請注意，事後補救是萬不得已的做法，先確定配對再抽籤才是最正確的程序。

不知道各位是否有遇過這樣的情形，擲筊請示神明出籤詩，卻只得到兩個聖筊？這很可能是神明提醒你要先配對好籤詩，抽籤前配對正確了，神明自然就會賜給你三個聖筊。得到三個聖筊後開始抽籤，就是正式啟動「解籤解得很準」的第一個元素了。

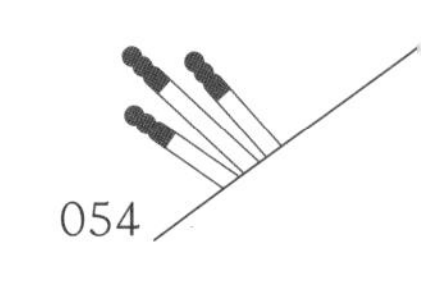

另外一個很重要的觀念是：抽籤配對法之後還要跟解籤歸納法交叉使用，也就是說，籤詩抽出來之後，每支籤詩都要對照在哪一個歸納，如此一來，對神明要表達的意思將會更加清楚，對籤詩的判讀也才能更準確。

抽籤配對十六大組合

大體而言，抽籤配對法有十六種常見的配對組合：

1 運籤

神明若指示要抽運籤，有兩個重點要留意：

❶運籤是以半年為單位，若想要抽一整年的運籤，恐怕會有失真之虞，因為一年的時間太長，變數也很多，不足以為參考。抽運籤的時候，最好請神明出「上半年的運籤」或是「下半年的運籤」，縮小範圍請示，得到的答案才是最準確的。

❷此外，只有當你沒有具體的事要問時，才會請示神明是否抽運籤，因為運籤屬於整體運勢，就好比一個公司整體走的運勢，而非針對各個部門的運勢。這是很重要的觀念，一定要記住。

2 本運籤

神明若指示要抽本運籤，有兩個重點要留意：

❶抽本運籤時，記得解籤時要「搭配」你要問的「這件事」來解，這樣才會更具體。誠如我之前的解釋，運籤是一個公司整體走的運，本運籤則是細分下來、各個部門走的運，所以，當你要問神明一件具體的事情時，可以請神明出針對這件事情的本運籤。

❷另外，本運籤的時機點不一定是以半年計，應以神明指示的時間點為主，有時籤詩當中就會講到時間點，也許是下個月的十五號或其他時間，端看籤詩如何指示。如果籤詩裡沒有特別指示時間點，就要擲筊問出來，也許是三個月後的十五號，或四個月後的十五號……都不一定。

3家運籤

神明若指示要抽家運籤，表示神明看待此事，是以整個家庭為考量，有三個重點要留意：

❶家運代表整個家庭的運勢，當然也包含了家中的每一個成員。

❷神明會指示家運籤，代表所問之事受到家裡某件事情的影響。

❸所問之事還會影響到家中成員。

4事業籤

神明若指示要抽事業籤，有兩個重點要留意：

❶如果現在沒有工作，籤詩就是在講你的事業運何時才會比較強，事業運強比較容易找到工作；此外，也有可能是神明想告訴你一直找不到工作的原因為何。

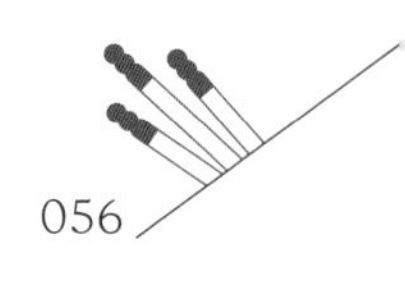

❷如果現在有工作，神明就是在告訴你這個工作未來的發展性，做為你進（留下來繼續努力）退（另謀高就）之間的重要參考依據。

5婚姻籤

神明若指示要抽婚姻籤，有三個重點要留意：

❶如果現在未婚也沒有對象，那籤詩就是在講你的紅鸞星運何時會動，紅鸞星運開始走，就是姻緣時機到了；但也有可能是在講為什麼至今還沒對象的原因。

❷如果現在未婚，但已經有對象，有可能是神明要告訴你，雙方的緣分、未來如何相處，或者是兩人現階段的問題在哪。

❸如果已經結婚，神明就是在告訴你，這段婚姻現階段的問題和未來的發展，讓你做為參考。

6身體籤

神明若指示要抽身體籤（前提是已經看過醫生），有三個重點要留意：

❶神明要讓你知道：身體方面的問題是否受到欠點影響（抽到的籤詩若歸納在欠點的話，就表示當中有欠點）。

❷若沒有欠點，那就是神明要讓你知道身體的狀況，以及身體狀況會在哪個時間點開始改善。

❸如果沒有任何欠點，下一步可以請神明指示貴人、醫院。

7 欠點籤

神明若指示要抽欠點籤，有兩個重點要留意：

❶ 神明要讓你知道造成這件事情不順遂的主要原因，以及當中的複雜程度。

❷ 抽到欠點籤時，別忘了繼續請示神明欠點是什麼。

8 本運兼家運籤

神明若指示要配對本運兼家運籤，有以下三個重點要留意：

❶ 你所問之事的本運如果不順遂，可能跟家運有連帶關係。

❷ 如果當中有欠點，神明要讓你知道你的本運是被家中的欠點所影響。

❸ 這個欠點也同時會影響到家中的成員。

9 本運兼事業籤

神明若指示要配對本運兼事業籤，有以下三個重點要留意：

❶ 神明要讓你知道，你目前的工作跟你的本運有連帶關係。

❷ 神明要讓你知道你現階段的處境與局勢。

❸ 若你目前有工作，在你做出該進、該退或維持現狀的決定前，神明要給你一個重要參考指標。

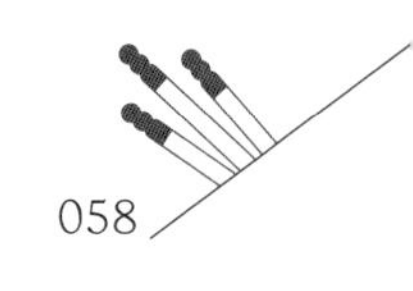

10 本運兼婚姻籤

神明若指示要配對本運兼婚姻籤，有以下三個重點要留意：

❶神明要讓你知道，現在的婚姻狀況跟你的本運有連帶關係。

❷神明要具體的讓你知道問題點在哪裡。

❸不管現在有沒有結婚，或者有沒有對象，神明都是在告訴你，你目前的想法及心態，跟姻緣時機或現階段的問題有關連性。

11 本運兼身體籤

神明若指示要配對本運兼身體籤（前提是你已經看過醫生，卻都找不到問題或沒有改善），有以下四個重點要留意：

❶神明要讓你知道，身體方面的問題跟你現在的本運有關連。

❷你的本運如果有欠點，必須先把欠點找出來，身體才會好。

❸如果沒有任何欠點，就是神明要讓你知道哪個時間點可以遇到貴人。本運再加上遇貴人的時機到，身體方面的狀況就會漸漸改善。

❹神明要讓你知道你現在的本運走向，如果走向偏低，那就要多注意身體方面的問題，出現任何症狀都不要拖，要盡快看醫生。配對到身體籤的時候，本運的高或低可比喻成一個人免疫力的強或弱。

12 本運兼欠點籤

神明若指示要配對本運兼欠點籤，有以下三個重點要留意：

❶神明要讓你知道，這段時間的運勢不順，主要原因是因為當中有欠點。

❷這個欠點也會影響到你的其他地方，比如事業、婚姻等等。

❸既然神明告訴你欠點是主要的原因，就要把主因找出來解決，之後才有運可走。

13 家運兼事業籤

神明若指示要配對家運兼事業籤，有以下三個重點要留意：

❶神明要讓你知道，你目前的工作跟你的家運有連帶關係。

❷神明要讓你知道，做決定前應該先考量一下家裡的狀況。

❸在你做出決定前，神明要給你一個重要的參考指標，並提醒你是否應該先跟家人商量。

14 家運兼婚姻籤

神明若指示要配對家運兼婚姻籤，有以下四個重點要留意：

❶神明要讓你知道，你現在的婚姻狀況跟你的家運有連帶關係。

❷神明要具體的讓你知道，問題點跟家庭環境、成長背景有關連性。

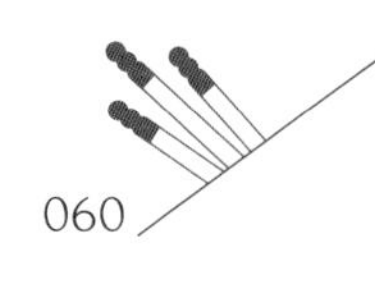

❸不管你現在有沒有結婚，或者有沒有對象，在做感情上的決定之前，要把家庭因素考量進去。
❹神明在告訴你：做決定之前，或許可以先跟家人商量。

15 家運兼身體籤

神明若指示要配對家運兼身體籤，有以下五個重點要留意：

❶神明要讓你知道，身體方面的問題跟你的家運有關連。
❷你的家運如果有欠點，須先把欠點找出來，身體才會好。
❸這個欠點將會影響、或已經影響家中的成員。
❹如果沒有任何欠點，就是神明要指示你，你的身體狀況跟你在家中的作息或飲食有關，如果可以改善，身體方面的狀況就會漸漸好轉。
❺如果沒有任何欠點，也可能是神明已經查到在你的家人當中，有人可以指引你一個方向，而這個方向就是你的貴人方向。

16 家運兼欠點籤

神明若指示要配對家運兼欠點籤，有以下三個重點要留意：

❶神明要讓你知道，家中的不順已經有一段時間了。
❷神明要讓你知道，你的運勢不順的主因是家中有欠點。

❸這個欠點不只會影響到你，也會影響到你的家人。
❹既然神明告訴你欠點是主要的原因，就要先把它找出來，待欠點解決了，家運才會比較順。

如果十六組配對都得不到三個聖筊……

你可能會問，只有十六種配對嗎？當然不是，只是這十六個是最常用到的。其餘的配對如「想法」、「心態」、「理念」，或者是配對再加上年度，比如「今年上半年」、「今年下半年」等，這代表神明還要更精準地告訴你時間點，而這個時間點是籤詩中沒有說出來的。所以，當你求神明出籤詩，十六個配對法卻都沒有得到三個聖筊時，就必須再思考其他的配對項目。

・範例一

請神明出事業籤得到兩個聖筊，接下來你可以問說：「是要給弟子或信女事業籤沒錯，但要給的是本運兼事業籤嗎？」或許這樣就有三個聖筊了。

・範例二

請神明出本運兼婚姻籤得到兩個聖筊，接下來你就可以問說：「是否要給弟子或信女本運兼婚姻籤沒錯，但要給的是今年上半年的本運兼婚姻籤？」或許這樣就有三個聖筊了。如果改成這樣問後得到了三個聖筊，那解籤就是要朝以下方向解：**今年上半年（時機點：農曆一至六月）＋本運＋婚姻**

籤詩最常見的十六組配對

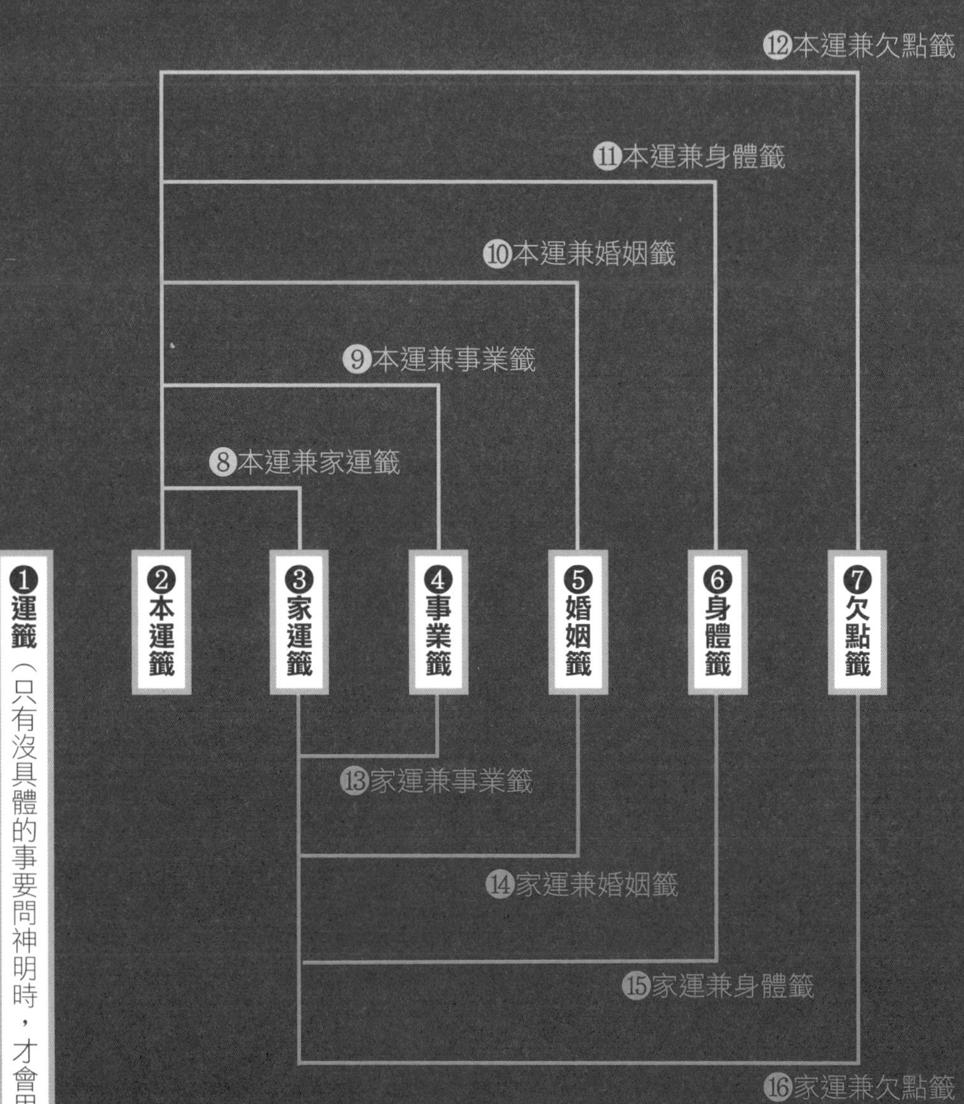

第參部

神明所教的
六十甲子解籤
十大歸納法

神啊！您到底在想什麼？籤詩十大歸納有助於你在第一時間就明白神明想表達什麼，再對照著配對方向去解讀籤詩，就能更加深入其真義，提升你解籤精準度。

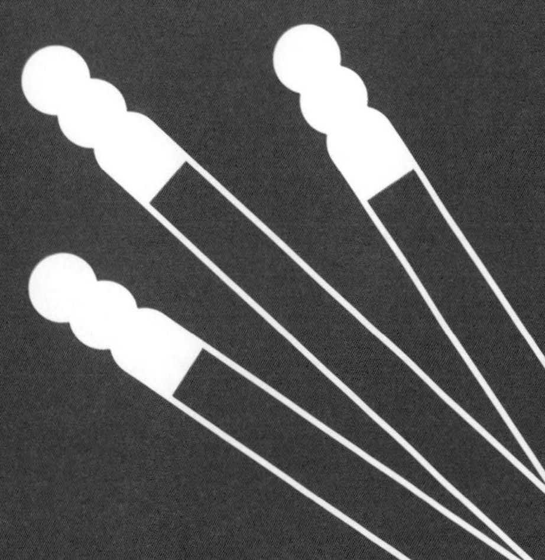

解籤歸納法能幫助你了解神明到底想要說些什麼。當我們把籤詩的配對確認出來，並且正確抽出籤詩後，接下來最重要的就是了解每支籤詩的歸納。解籤歸納法是我閉關時神明所指導的一個非常重要的訣竅，是要把籤詩解得很準確時需具備的第二個元素。

不了解籤詩的含意，就無法知道神明在表達什麼；不知道神明在表達什麼，你就無法下判斷；無法下判斷，解籤就會講得很模糊——這是一串連鎖反應，所以，大家一定要好好地細讀這個單元。

歸納1 神明指示「欠點」的籤詩

只要抽到以下張籤詩，就代表目前這件事情不順的原因，是因為當中有欠點所造成的——所謂的「欠點」，就是阻礙某件事情，導致無法達成心中期望的一個阻因。神明既然透過籤詩指出事情不順的原因出在欠點，也代表祂們知道欠點為何，但籤詩的功能只能指出背後有欠點，卻無法得知是什麼欠點，所以我們必須進一步地把它問出來。

唯有神（知道問題在哪裡）與人（負責問出問題點）彼此配合，把事情的根本問題——也就是欠點——找出來，才能讓一件案子水落石出、圓滿解決。

歸納為「欠點」的籤詩有：

◎第十三籤　丙子 P117　◎第十六籤　丙午 P125

歸納2 神明指示時間點的籤詩

大家是否曾經抽過歸納2的這幾張籤詩，卻搞不懂籤詩想要表達什麼？其實，抽到這幾張籤詩，就代表我們現在想做的事、遇到的困難或欲解決的事，在什麼時間點最有機會實現。

具體來說，神明看重的是一個時機點，也就是每一件事情都有它的定數。有些事情時機未到而先做了，效果反而不好；相反的，如果做一件事的時機已到卻還不去做，就會白白錯失良機，令人後悔不已。最理想的狀況就是在對的時間做對的事，那麼成功的機率就會大大提升。因此，我們必須知道哪幾張籤詩是在指示時間點，然後多加留意，進而減少失敗的機率。

注意！ 神明講的時間點都是在講農曆，而不是國曆。

歸納為「時間點」的籤詩有：

◎第四十一籤　庚申 P195　◎第四十三籤　辛丑 P199

◎第四十六籤　辛未 P208　◎第四十七籤　辛酉 P213

歸納3 神明指示**個性**的籤詩

當我們擲筊請神明指點迷津，神明有時未針對問題回答，給了你一個看似牛頭不對馬嘴的答案。這是為什麼呢？因為神明著眼的角度真的跟人大不相同。

舉例來說，曾有一位三十幾歲、未婚且沒有對象的小姐來問姻緣時機在何時。沒想到神明偏偏不指示姻緣的時機，反而說有一些比姻緣時機更重要的事要先告知，之後籤詩一出，我才知道原來這個更重要的事指的就是她的個性——她一直沒有對象，原因其實出在她自己身上。

如果沒先讓這位小姐知道她的根本問題，就算跟她講姻緣時機在什麼時候、就算神明真的幫她牽了一個好姻緣，這段感情也很有可能會因為她的個性而無疾而終，並且不斷惡性循環。

問事能不能問得精準、真正幫人解決問題，關鍵在於確實掌握神明的邏輯跟思維。以下籤詩就是神明曾在夢中指導過，指示個性的籤詩，期待大家能有所領悟。

歸納為「個性」的籤詩有：

◎第三籤　甲辰 P084　◎第七籤　乙丑 P101

◎第十七籤　丙申 P129　◎第十九籤　丁丑 P136

◎第二十八籤　戊午 P162　◎第三十三籤　己巳 P174

歸納4　神明指示人為方面的籤詩

人為方面的籤詩最常發生在事業投資、工作，以及婚姻、感情方面，處理這方面的事也最讓神明頭痛，同樣的，問事的人遇到這種問題也要格外小心。

我在閉關時，神明就教過我說：「神、鬼其實不複雜，最複雜的就是『人』。」為什麼呢？因為「天犯殺機，移星易宿；地犯殺機，龍蛇起陸；人犯殺機，天翻地覆」，人有七情六欲，還有喜好、個性、性格及脾氣的不同，處理起來特別困難，也必須分外小心。

歸納為「人為方面」的籤詩有：

◎第五籤　甲申 P090　◎第四十五籤　辛巳 P205

歸納5　神明指示運勢低，需等待起運的籤詩

有些事情你雖想做，卻還不到做的時候，那就必須先忍耐，如果因緣尚未完全俱足就硬做下去，成效可能會不如預期，說不定還會讓自己遍體鱗傷，失去東山再起的機會。另一方面，有些

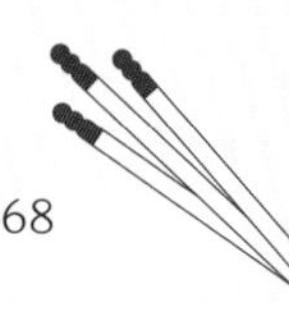

事情想要做，因緣也已俱足，但你偏偏錯過時機，想等待時機再度降臨，又不知要等到何年何月……可見時機的重要。

當年閉關時，神明就教過我：時間就是「因」，空間就是「緣」，想成就一件事，得先讓時間與空間兩者兼備——因緣俱足，如此才會有成功的機會。相對的，如果因緣尚無法配合，建議你還是先稍安勿躁。關於運勢低，還要等待起運的籤詩，就是神明當年教我的解籤歸納心法，期待大家能有所領悟，這樣，雖然做事不一定大放光彩，至少不容易功敗垂成。

歸納為「運勢低，需等待起運」的籤詩有：

◎第十五籤　丙辰 P123　◎第二十九籤　戊申 P165
◎第三十九籤　庚辰 P189　◎第四十九籤　壬子 P217
◎第五十四籤　壬戌 P231　◎第五十五籤　癸丑 P234
◎第五十八籤　癸未 P246

歸納6　神明指示 時機到，順勢而為的籤詩

鳳鳥乘風，聖人乘時——「時機點」是神明最常考慮的角度，也是決定事情成功或失敗最重要的因素之一。每個人的命格都會搭配不一樣的時運，就像打一場戰爭時，戰機若出現卻沒去執行，成敗很可能會在這一瞬間決定。而這裡的解籤歸納，就是在講時機已現，可以開始進行。

歸納為「時機到，順勢而為」的籤詩有：

◎第一籤　甲子 P079

◎第八籤　乙卯 P104

◎第十二籤　乙亥 P115

◎第十八籤　丙戌 P134

◎第二十一籤　丁巳 P141

◎第二十二籤　丁未 P143

◎第二十七籤　戊辰 P159

◎第三十一籤　己丑 P170

◎第三十六籤　己亥 P183

◎第三十七籤　庚子 P185

◎第三十八籤　庚寅 P187

◎第四十籤　庚午 P193

◎第五十三籤　壬申 P228

◎第五十七籤　癸巳 P243

◎第五十九籤　癸酉 P249

歸納7　神明指示目前不宜，問題重重的籤詩

如果我們只會抽籤詩，卻不知道籤詩裡面要表達什麼、重點是什麼，只是把籤詩抽完就走了，那來問神跟求籤詩就變得沒有意義——因為你根本不知道籤詩想告訴你什麼！籤詩是一種讓神明可以直接告訴你一些事情的工具，如果能好好學習、研究這個工具，吉凶禍福將可以掌控在我們手中——因為這是百分之百的神意。

既然要研究跟學習，就不能只知道皮毛，而應深入了解跟探討。也就是說，抽到一支籤詩

時，不能只看詩句的好壞，好有好的道理，壞也有壞的原因；抽到「看似」不好的籤詩時，先不用害怕，神明既然會給你這些「看似」不好的籤，就是希望你進一步了解其中的重點跟原因，而非要讓你害怕。接下來要跟大家講解的這幾支籤詩，乍看之下雖然不好，但仍舊要知道是哪裡不好，才不會失去了問神的意義。

抽到以下這幾張籤詩時，代表我們現在想要做的事、遇到的困難，或是想解決的事，不但時機不對、運勢低，當中甚至還問題重重，所以要小心謹慎的看待這幾支籤詩。此外，抽到這幾支籤詩時，建議你最好再進一步請示出原因。

歸納為「目前不宜，問題重重」的籤詩有：

◎第六籤　甲戌 P095　◎第九籤　乙巳 P107

◎第十籤　乙未 P109　◎第二十三籤　丁酉 P146

◎第三十二籤　己卯 P172

歸納8　神明指示尚有波折，終將化險為夷的籤詩

有些事明明看起來應該沒什麼問題，偏偏一波三折、好事多磨。於是我們心裡會開始懷疑自己當初做的決定是不是錯的，或者漸漸想要放棄……然而，大部分人也許不知道，有些事必須經過波折才能達到心願；唯有經過波折，才能讓我們的意志力更加堅定，並且從中吸取經驗。

大家都知道三藏取經的故事，玄奘法師往西天取經不也是一波三折，經歷過諸多的磨難與凶險，最終靠著不屈不撓的意志力完成使命？而歸納8就是在講所問之事還需經歷一些波折，只要能堅持下去，最後便可以化險為夷。

歸納為「尚有波折，終將化險為夷」的籤詩有：

◎第二十四籤　丁亥 P148　◎第四十四籤　辛卯 P202

◎第五十籤　壬寅 P219　◎第五十一籤　壬辰 P222

◎第六十籤　癸亥 P252

歸納9

神明指示 心理障礙加信心不足 的籤詩

有些人可能會因為自身經驗或見周遭親友發生過一些不愉快的事，導致心裡一直有個心結或疙瘩，久久無法走出來。如果現在時機已到，所問之事也可以正式進行，你卻因為心理障礙而遲遲不敢行動，就很有可能會白白浪費了一個好時機，最終追悔莫及。歸納9就是神明在講當事人心理層面的障礙——心病得先去除，才不會讓一件原本可以成功的事情以失敗收尾。

歸納為「心理障礙加信心不足」的籤詩有：

◎第三十五籤　己酉 P180　◎第五十二籤　壬午 P225

◎第五十六籤　癸卯 P237

歸納10 神明指示 不是大好就是大壞 的籤詩

要解「籤頭」，難度是很高的，所以神明才會很仔細的教我這支籤詩的解法。首先你得要有一個觀念：「籤頭」是在六十甲子之外的一支籤詩，不過，「籤頭」雖然在六十甲子以外，卻是由它開始衍生出六十支籤詩的（含籤頭總共有六十一支籤詩）。這個狀況所呈現的，正是類似統計學上的「極端值」：極端值是指在統計中，特別大或特別小的數值，位於常態分布的兩端——大好或大壞。

你得先有這個概念，才能建立解籤頭的思維：所問之事得從特別大或特別小的兩個極端來思考。這樣有了解神明的思維了嗎？

歸納為「不是大好就是大壞」的籤詩有：

◎籤頭 P074

六十甲子籤詩詳解

接下來，將進入正式的解籤的部分，除了解析籤詩的典故、內容、關鍵字詞，並針對問事求籤常問的八件事做簡要的說明，讓你得以更加輕鬆解讀籤詩。

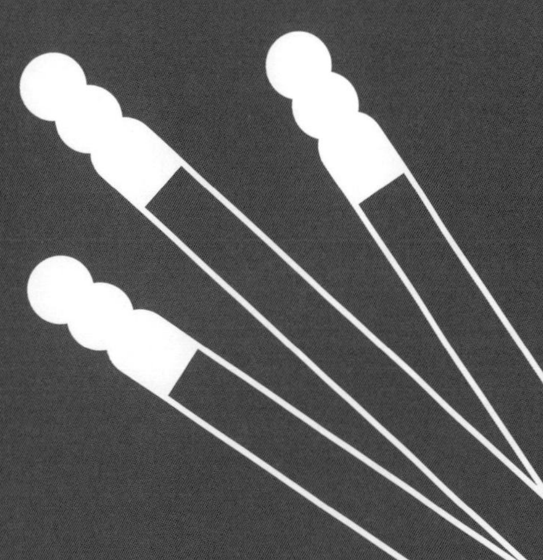

籤頭

解籤歸納：不是大好就是大壞

籤頭百事良，添油大吉昌，
萬般皆如意，富貴福壽長。

家運：家中運勢目前都很平順，兄友弟恭，父慈子孝，和樂融融。

本運：本身的運勢正處於高峰階段，好好把握與運用這一段正強的運勢。

姻緣：已婚者家庭美滿幸福。未婚沒對象者，一個很好的機會將出現。未婚有對象者，雙方穩定發展，但不要太過於強勢。

事業：目前運勢正強，可以幫助你的事業鴻圖大展。

學業：領悟力很好，考運也很強，如果要參加考試，現在正是時候。

健康：如果是年輕人抽到籤王，身體即將康復。如果是老人及重症者抽到籤王，要注意時間可能已經快到了。

求子：有機會懷孕，但要神明幫忙。求子抽到籤王者，建議求玉皇上帝、送子觀音或註生娘娘賜一個孩子給你，這樣更有機會。

財運：正財事業、投資理財都是好的時機，但要量力而為。

屏東萬巒宗天宮製

解籤

❶抽到這支籤詩時，神明是要告訴你：此事會有好的發展，神明也會幫助你。

❷如果這支籤詩是跟個性方面配對，表示你可能太過於主觀，很難將別人的話聽進去，雖然如此，神明說的話卻有可能聽得進去。神明的神通雖能幫你達成願望，但祂會先保留幾分，端看你要不要繼續問下去。如果你聽不進去，自然就不會再繼續請示，而以自己的意見為主；如果你聽得進去，就會再問下去，以神明的意見為主——也就是說，改掉太主觀的缺點，神明就會讓此事有好的發展。當時神明教我：抽到籤頭詩而又配對在個性時，就是在說當事人的個性很主觀，所問之事的結果，將會因為個性是否調整，而落在極端值的兩邊。

❸生病的老人或是重症患者抽到這支籤詩時，表示他的時間可能已經快到了。

抽到這支籤時，你必須……

當生病的老人或重症患者抽中此籤，建議再繼續請示神明，大概還剩多久的時間。問出來後可以請求神明幫忙，讓當事人在人生的最後一段路上不要太痛苦，別再拖著病體或再受折磨，如此一來，當事人便能走得比較安詳。

王博士實境教學

一位四十幾歲的婦人因長年嚴重的婆媳問題，導致家中失和，先生也漸漸開始對她不耐煩，所以前來梓官城隍廟祈求城隍爺指引。城隍爺出了三支籤詩：籤頭、戊戌、壬寅。

籤詩的配對 婆婆的個性兼身體

第一支籤詩

籤頭 【籤詩歸納：不是大好就是大壞】

籤頭百事良，添油大吉昌，
萬般皆如意，富貴福壽長。

第二支籤詩

戊戌籤 張翼德戰曹操、薛丁山三請樊梨花 【籤詩歸納：時間點】 P168

漸漸看此月中和，過後須防未得過，
改變顏色前途去，凡事必定見重勞。

第三支籤詩

王寅籤　潘安陳姑作夫妻叫合【籤詩歸納：尚有波折，終將化險為夷】P219

佛前發誓無異心，且看前途得好音，
此物原來本是鐵，也能變化得成金。

一看到這三支籤詩，我就知道重點是第一支的籤頭，因為只要講到個性又抽到籤頭，那就難處理了。也許大家會好奇，個性方面的籤有戊午籤跟丙申籤，籤頭若配對到個性，跟這兩支個性籤有何不同呢？這麼說好了，以個性來看，籤頭可說是戊午籤跟丙申籤的平方，因為籤頭是極端值，是六十甲子籤額外的一支，代表的個性也是六十支以外的，是一種強勢領導作為，算是相當獨特、也相當少見的個性。因此，憑這支籤頭就可以想像到，婆婆的個性「獨樹一格」。不過，萬物之理有陰有陽，謀事之道相生相剋，籤頭個性的人，大都還聽得進神明講的話。

第二支籤詩則是在提醒，下個月的十五號過後要多注意——別忘了，抽籤配對有講到婆婆的身體。繼續請示後，城隍爺指示要在下個月的十五號過後特別留意婆婆的身體狀況。

第三支籤詩則指出，尚須經歷一些波折，最終會化險為夷。由於婦人問的是婆媳問題，所以解法就變成：她婆婆的個性確實很與眾不同，但長輩畢竟是長輩，神明不會當著晚輩的面指責她。然而，長輩的個性雖然很特別，看似沒有辦法處理（此物原來本是鐵），但依城隍爺來看，再經過一些波折後，情勢就會扭轉乾坤（也能變化得成金），只是得注意這個波折所指為何？而適才第二支籤指出，要注意婆婆的身體，難道是指婆婆的身體與婆媳問題有關連？

將脈絡整理得更清楚一點，就是：

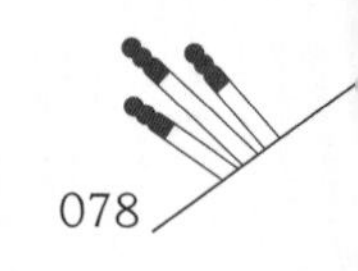

第一支籤詩（大好大壞）→第二支籤詩（不好）→第三支籤詩（好，扭轉乾坤）。

再加上下個月十五號過後，要特別留心婆婆的身體，於是就變成：

第一支籤詩（大好大壞）→第二支籤詩（身體不好）→第三支籤詩（好，扭轉乾坤）。

我們得要從這兩個變化過程，推測神明想要表達什麼？

神明的智慧永遠不是人可以想像得到的。原來，隔一個月的十七號，她婆婆竟在家中發生了輕微的中風，在那之後，從住院、復健，一直到回家靜養，不管是洗澡還是大、小便，都是由這位婦人一手打理跟照顧。這位婦人之後來城隍廟告訴我，也許是被她感動到了，婆婆以前那種籤頭個性已所剩無幾，簡直像經過「開根號」處理了。如今，婆媳之間呈現出前所未有的平靜。

從這件案子當中，我們可以學到：這件事起初看起來棘手到無法處理，但城隍爺還是有辦法扭轉乾坤——重點是我們人可以跟神明配合到什麼程度，如果可以配合得很好，不僅本身的功力會提升很多，在濟世救人方面也會顯得更有意義。

第一籤

甲子

唐太宗坐享太平、包公請雷驚仁宗

解籤歸納：時機到，順勢而為

日出便見風雲散，光明清靜照世間，
一向前途通大道，萬事清吉保平安。

家運：家中紛亂已經要過去了，接下來將開始平順。

本運：運勢低的情形已經快要結束，運勢即將開始慢慢爬升。

姻緣：已婚者的爭執即將結束。未婚沒對象者，機會將出現。未婚有對象者，雙方穩定發展。

事業：目前事業很適合你，前途光明請好好把握。若要創業或轉職，正是時機。

學業：智慧逐漸增加中，領悟力漸漸變強，努力用功會有機會考上理想學校。

健康：如有不適，建議問出貴人醫院及醫生，有機會康復。

求子：如之前求子不順，現在開始是求子的好時機。

財運：正財有穩定收入，偏財則須適可而止。

屏東萬巒宗天宮製

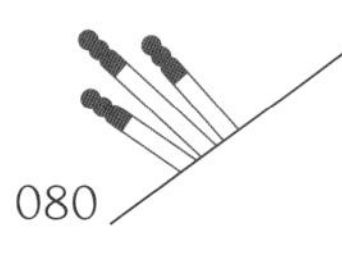

歷史典故

李世民發動「玄武門之變」，在殺害皇太子和四弟後坐上皇位，是為唐太宗。他初登基時政局混亂，各方勢力均想奪位，最後總算在苦心布局下穩定了朝政，創造「貞觀之治」。

解籤

當你要問這件事情該不該做或正在進行一件事情而抽到此籤，神明是要告訴你，那段不如意和波折都已經過去，如今你的時機和運勢就似撥雲見日般光明，想要做的這件事可以達到你的期待，時機已正式來臨。

神明親授分析祕訣

❶這支籤詩的重點在「日出便見風雲散」。甲子籤是籤詩的第一支，表示一件事情的起步，之前經歷了那麼多風風雨雨，總算平靜了。而雖然時機已到，自己仍要努力，才是正確的態度。

❷這支籤詩還有一個重點在歷史典故「唐太宗坐享太平」。唐太宗李世民經歷玄武門之變，迎來昌盛的貞觀之治，一路上經過多少風雨、挫折，最終也都一一克服。這典故意味著要成就一件事，絕沒有不勞而獲的，成就愈大的事，受的苦將是別人的好幾倍。神明也是藉此提醒你：接受考驗的同時，上天也準備好要送你一個禮物，等到你通過考驗，禮物就會是你的！

抽到這支籤時，你必須……

把握時機：雖曾歷過一段驚心動魄的過去，但現在開始平靜、露出曙光，把握時機進行吧！

第二籤

甲寅

趙子龍救阿斗、薛交薛癸旁卅遇彩樓得繡球

解籤歸納：時間點——立春（抽籤時若已超過當年農曆3月，時間點就是明年立春過後）

于今此景正當時，看看欲吐百花魁，
若能遇得春色到，一洒清吉脫塵埃。

家運：家中如有不順遂，暫且忍耐，情況快要好轉了，立春後會漸漸平順。

本運：若有任何決定或變動，切勿著急，立春後運勢漸回升才是最佳時機，成功機率相對較高。

姻緣：已婚者及未婚有對象者在相處上若有不愉悅，立春後會有改善空間，感情漸趨穩定。未婚沒對象者立春後會有姻緣機會，要好好把握。

事業：如工作不順想轉職、想提案或有意爭取晉升，立春後提出的成功機會較大。

學業：立春後考運會轉強，智慧也會漸提升，想報考也可以選在這個時候。

健康：身體若有微恙，立春後有機會改善，可請示神明貴人醫院及醫生。

求子：立春後懷孕機率較高，此時可先好好調養身體狀況。

財運：若有意投資或合夥計畫，立春後再進行，較能達到期待。

屏東萬巒宗天宮製

歷史典故

劉備敗給曹操後，考量到當時兵少，糧草又不足，只好率領大批民眾撤退至新野，並命趙子龍負責保護劉備家眷，之後，一行人在長阪坡上被曹操大軍追上，趙子龍則在激戰中與劉備的家眷分散。為了救出劉備的妻小，趙子龍七進七出長阪坡，最後，他懷抱著劉備唯一的血脈阿斗，從曹操的千軍萬馬中突圍而出，順利保住阿斗一條命。

解籤

你要問的這件事情需等待一個最適合的時機，時機一到，就會如百花盛開般美不勝收。這個時機就在春天，春天一到，所有不如意的事情就會過去。

神明親授分析祕訣

❶當你抽到這支籤詩，要知道重點在於「春色到」。「春色到」指的是二十四個節氣裡的「立春」。因此，這支籤詩是在指示你，你正要做或期待完成的事，要等到立春過後才有機會，立春前須先按兵不動，切勿著急。

❷要特別留意，立春時間點請這樣拿捏：

(1)若是在今年的農曆六月抽到這支籤詩，那立春的時機點就是明年一月，還需等待半年多。

(2)假設你抽到這支籤詩的日期是在今年年底、農曆的十二月，那立春的時機點就是在講明年的一月，也就是在下個月，只需再等一個月。

❸這支籤詩的另一個重點是，假設你抽到這支籤詩的日期才剛過立春沒多久，請記住，一年有四

季，一季有三個月，所以，農曆一月的立春後到農曆三月底前都屬於春天，意即現在正是做這件事的時候，千萬別把時間推算到明年的春天。

抽到這支籤時，你必須……

思考兩個方向：第一，如果這件事還沒做，那就暫且等待，明年立春過後再來進行。第二，如果做了，而且情況不太順遂的話，就先保守進行，勿過於躁進，等明年立春過後，情況就會慢慢改善。

甲辰籤

第三籤

甲辰

沈萬山鬪寶大明正德君作法

勸君把定心莫虛，天註姻緣自有餘，
和合重重常吉慶，時來終遇得明珠。

解籤歸納：個性

家運：家運目前呈現向上發展，家人間若有誤會應趕緊溝通，避免導致僵局。

本運：運勢正好，與他人相處應避免言者無心、聽者有意的狀況，才會有利各方面順利進行。

姻緣：已婚及未婚有對象者，避免將過多心思投注於家庭之外，以免另一半不諒解。未婚有對象者，與另一半相處，應注意言語修辭，避免對方誤會。

事業：非屬自己份內工作，建議不要輕率介入或過度熱心幫忙，以免公親變事主。

學業：同學相處間應避免幫過多的忙，以免承擔不必要的責任。

健康：如果身體有微恙，不必太過擔心，會慢慢康復，可以請示貴人醫院在哪裡。

求子：懷孕需要等待時機，建議可以請示神明時機在什麼時候。

財運：正財有穩定的收入。投資亦可，建議請示神明時機點後再進行。

屏東萬巒宗天宮製

歷史典故

正德君就是明武宗，他有意加菜犒賞三軍，卻愁煩於不知該從何拿出預算。沈萬山主動表明願意負擔這筆預算，卻讓明武宗龍心不悅——沈萬山憑什麼插手國家之事？

解籤

你要問的事或正在進行的事情之所以不順遂，原因來自於他人對你的誤會及不了解。雖然你很熱心的想幫忙，對方卻總是會錯意，導致現階段的尷尬情況。不過別擔心，既然事情已經發生了，接下來要做的，應該是思考與調整讓雙方合得來的應對與相處方式，如此一來，時間自然會淡化僵局，最終也將會有一個圓滿的結局。

神明親授分析祕訣

❶這支籤詩的重點在歷史典故「沈萬山鬪寶大明正德君作法」。沈萬山是個富可敵國的人，而正德君就是明武宗皇帝。沈萬山因為主動提出要幫忙負擔預算，導致明武宗心裡不開心，誤會從中衍生而出。這支籤詩是要提醒當事人：你的熱心反而會讓對方誤會，也就是言者無心，聽者有意；動者無心，受者多情。

❷這支籤詩還有另一個重點，如果你在事業、婚姻、學業上抽到這支籤詩，神明就是在暗示你：你的熱心可能已經被上司、同事、另一半或同儕誤會了。你應該及時調整心態，低調一點或提出解釋，才不會讓誤會在對方心裡日積月累，最終導致撕破臉。

❸此外，本籤詩也隱含著「還需要一些時間」的意思，當你抽的這支籤詩是配對在時間或本運的

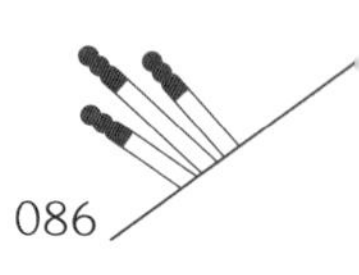

話（請參考第五十三頁「抽籤配對法」），就表示這件事情雖然可以進行，但還需要一些時間，至於需要等多久，可以繼續請示神明。

抽到這支籤時，你必須……

要注意：在做一件事情之前，得先觀察當下是不是該你出手的時候，若你不該插手卻插手了，就很容易公親變事主。

第四籤

甲午

李太白歸仙

解籤歸納：時間點——農曆8月中秋後（如抽籤當日已是農曆9月，那就代表明年農曆8月中秋後）

風恬浪靜可行船，恰是中秋月一輪，
凡事不須多憂慮，福祿自有慶家門。

家運：目前雖有些許不順遂、波折，在農曆8月中秋過後會漸漸平靜。

本運：整體運勢在農曆8月中秋過後會漸起，屆時再進行要做的事較有機會成功。

姻緣：已婚及未婚有對象者若感情有爭執不合，農曆8月中秋過後有機會漸平靜、穩定發展；未婚沒對象者，如能多積極參加聯誼活動，農曆8月中秋過後，有機會結識新對象。

事業：事業工作若遇波折，建議保守勿躁進，中秋過後有機會出現新轉機。

學業：農曆8月中秋過後考運會漸漸轉強，屆時要好好把握機會努力衝刺。

健康：若身體微恙，農曆8月中秋過後會漸改善。若年老或重症者抽到此籤，農曆8月中秋過後多留意身體狀況。

求子：農曆8月中秋過後較容易有受孕機會，可請示神明貴人醫院在哪裡。

財運：若有意投資，建議農曆8月中秋過後再進行，較有獲利機會。

屏東萬巒宗天宮製

歷史典故

李白深得玄宗賞識，希望能請他入朝為官，生性浪漫的李白卻不求仕進，因此屢屢求去，玄宗只得無奈放行。某夜，李白乘船停靠於江邊時，突然來了兩名仙童恭迎李白歸仙。最後，只見李白騰空而去，留下驚愕不已的同舟人。

解籤

你要問的事情目前雖然還有一些風浪，卻即將要平息了，風浪平靜的時間點則是在八月十五日中秋過後。到了那個時候，令人憂慮的事便會減少許多；屆時，你想做的事或者心中期待之事，將會有一個好的轉機點。

神明親授分析祕訣

❶當你抽到這支籤詩，要知道重點在於「恰是中秋月一輪」。「恰是中秋月一輪」指的是農曆八月十五日中秋節。因此，這支籤詩是在指示你，你正要做或期待完成的事，要等到中秋過後才有機會，中秋前最好再忍耐一下。

❷要小心，「中秋」時間點千萬別推算錯了：

(1)若是在今年的農曆六月抽到此籤，那時機點就是在今年中秋，還需等待兩個半月。

(2)假設你抽到這支籤詩的日期是在今年的農曆九月（中秋已過），那籤詩中的中秋就是在講明年中秋，還需再等待近一年的時間。

❸此外，還要特別注意一件事：年老且身體狀況不太好的人或重病患者若抽到這支籤詩，最好再

謹慎一點，請示神明「身體」情況是否不太理想，尤其在八月十五中秋附近要特別注意——籤詩的歷史典故為「李太白歸仙」，因此也有可能是神明在暗示「時間快到了」。

抽到這支籤時，你必須……

思考兩個方向：第一，如果這件事還沒做，那就暫且等待，等中秋過後再來做。第二，如果做了且情況不太順，就先保守進行，勿過於躁進，等中秋過後會漸有改善。

此外，如果是老人且重症者，在中秋過後要特別注意身體狀況。

甲申籤

第五籤

甲申

龐涓害孫臏、王剪戰袁達

解籤歸納：人為方面

只恐前途明有變，勸君作急可宜先，
且守長江無大事，命逢太白守身邊。

家運：避免太過於聽信周遭親朋好友建議，輕易做出任何決定而影響到整個家庭。

本運：運勢低時較容易輕信他人言語而造成誤判，要慎防身邊較親近的人或朋友。

姻緣：已婚者、未婚有對象者遇困難應互相忍讓溝通，切勿因他人介入溝通而影響感情。未婚無對象者，若有人介紹對象，還是要評估、觀察對方的為人。

事業：若有合夥人相約進行投資案，請謹慎評估對方是否為適合的合作對象再進行。

學業：避免受同儕言語、行為影響，導致學業進展受阻，甚至荒廢學業。

健康：身體若有不適，仍應遵循正常管道就醫，勿聽從他人建議亂花錢買偏方。

求子：不要過度在意旁人言語，或是過多的比較，以順其自然的心情來面對，會比較沒有壓力。

財運：若身邊較親近的人或朋友要投資、買賣等，須三思。

屏東萬巒宗天宮製

歷史典故

龐涓跟孫臏同時拜師鬼谷子學習兵法，兩人表面上雖然是師兄弟，但是龐涓自知自己的才能比不上孫臏，對他相當忌恨。最後，龐涓利用孫臏對他的信任，設計陷害他，害孫臏遭受刖刑及黥面。

解籤

神明要告訴抽到這張籤詩的人：人與人之間要特別注意，而且這個「人」關係跟你特別親近，抑或是你比較信任的人。若你已開始進行所問之事，「人為方面」的問題也真的發生了，恐怕會影響到前途，所以一定要把這個提醒放在心上。至於現階段，宜保守，所問之事先暫停；如果已經進行下去了，自己接下來要小心謹慎，以免問題繼續擴大，如此一來，將能大事化小，有驚無險。

神明親授分析祕訣

❶這支籤詩的重點在歷史典故「龐涓害孫臏」。

(1)龐涓跟孫臏原本是跟隨鬼谷子學習兵法的師兄弟。孫臏一直都很相信龐涓，偏偏龐涓忌妒孫臏的才能，於是設計陷害孫臏，使孫臏雙腳殘廢。後來孫臏知道這一切都是龐涓害的，師兄弟終於反目成仇，最後導致龐涓喪命，才會有「龐涓馬陵道分屍」這支籤詩。

(2)「龐涓害孫臏」的典故在隱喻人性，你若抽到這支籤詩，就是神明在提醒你注意周遭的朋友、股東、同學和同事等──「師兄弟的關係」隱喻著比較親近的人──以免被陷害了。

❷這支籤詩有還有一個重點，那就是奉勸我們「諸惡莫作，眾善奉行」。別以為神不知鬼不覺，其實舉頭三尺有神明——神明都知道，也查得出來。如果神明查不出來是誰，祂怎麼會特別交代當事人要小心呢？所以，人還是要走光明大道，不要走旁門左道。

抽到這支籤時，你必須……

提醒自己：有時候，太相信別人反而不是一件好事，抽到這支籤詩，表示你要問的這件事跟人是有關的，所以要注意一下你的朋友、合夥人和親戚等比較親近的人。

一位先生要跟朋友投資一塊土地，打算將這塊土地拿來蓋停車場。這個投資牽涉到一筆很大的金額，為了保險起見，他特別前來請示城隍爺，看看投資到底是好，還是不好？城隍爺給了這位先生一支籤詩：甲申籤。

籤詩的配對 **事業兼股東**

第一支籤詩

甲申籤　龐涓害孫臏、王翦戰袁達【籤詩歸納：人為方面】

只恐前途明有變，勸君作急可宜先，

且守長江無大事，命逢太白守身邊。

這件事情既然配對到事業兼股東，就表示這位先生投資土地的重點是在這位合夥人。但抽中的卻偏偏是甲申籤——歷史典故「龐涓害孫臏」，明顯表示要多留意合夥人。

於是我對這位先生說：「以神明所賜籤詩看來，是叫你不要投資比較好，因為這支籤詩指出你會被陷害。」

當事人回去暗中調查後跟我說：「老師，我發現我朋友現在已經負債累累，現階段根本沒有投資的本錢與條件啊！會不會是要我先拿出現金，然後就……」

我告訴他：「你這樣假設也算合理，但神明只會提醒你不要投資，不會去說他人怎麼樣，其餘就自己判斷，放在心裡面就好。」

最後，這位先生毅然決定不投資這塊土地。大家要注意，問事業或投資時若抽到這支籤詩，或二〇五頁的辛巳籤，都要非常的小心。

第六籤

甲戌

孟姜女哭倒萬里長城、鳥精亂宋朝

解籤歸納：目前不宜，問題重重

風雲致雨落洋洋，天災時氣必有傷，
命內此事難和合，更逢一足出外鄉。

家運：家運目前有些不順與低迷，建議進一步向神明請示原因及改善的時間點。

本運：目前運勢低迷，建議先暫緩腳步，凡事多做觀望。

姻緣：已婚者要正視婚姻中的問題，否則會讓紛爭更加嚴重而無法收拾。未婚沒有對象者，若能改進自己的缺點，機會將會大增。未婚有對象者，雙方須注意經營，感情才能穩固。

事業：事業及工作遇到難題，須審視問題出在哪裡。

學業：學業遇到瓶頸、考試難達目標，報考者可向神明請示方向。

健康：不能頭痛醫頭、腳痛醫腳，建議做仔細檢查找出問題點，並問出貴人醫院及醫生。

求子：目前求子的機率較低，可向神明請示機率低的原因以及求子的時機點。

財運：若要投資、創業，保守為佳，不宜再投入資金。

屏東萬巒宗天宮製

歷史典故

孟姜女的夫婿萬杞良在兩人新婚之夜時，被官兵抓去修築萬里長城。之後，孟姜女得知夫婿已死，屍身埋在長城下，於是放聲大哭，最終哭倒長城。

解籤

當你所問之事發展得不順遂而抽到這支籤詩時，神明是要告訴你：現在這個局勢就好像風雲開始變色，大雨也將隨之而下。

依神明的角度看來，這件事情恐怕很難達到你原本的期待，建議你先停下腳步，再多做一些觀望，否則，一不小心就可能會讓事情變得更加嚴重，甚至還有可能會導致你因此離開現在這個傷心地。

神明親授分析祕訣

❶這支籤詩的重點在歷史典故「孟姜女哭倒萬里長城」。孟姜女跟萬杞良是七世夫妻的第二世，秦始皇時代，萬杞良在新婚之夜便被抓去修建萬里長城。孟姜女千里迢迢為萬杞良送禦寒衣物時，發現夫婿已死，屍體就埋在長城之下。她悲痛萬分，放聲大哭，最後哭倒長城八百里。這個典故隱喻：當你計畫做一件事情，最後的結果很有可能會讓你失望。

❷這支籤詩的另一個重點在「命內此事難和合，更逢一足出外鄉」，意思是說：你如果堅持要繼續做這件事，結果很可能會讓你失望，甚至在遭逢挫敗後，不知該何去何從。

❸把歷史典故「孟姜女哭倒萬里長城」跟「命內此事難和合，更逢一足出外鄉」這兩句話加以整

合分析，即表示：所問之事就好比孟姜女尋找萬杞良，結局將令人失望，這是命中註定的結果；如果事態變得更嚴重，甚至會讓你因此離開這個傷心地。

抽到這支籤時，你必須……

這支籤詩對當事人很重要，務必要謹慎以對。當你抽到這支籤詩，建議你繼續請示神明，這件事情不成功的原因在哪裡？是因為運勢低迷、時機不對、方向不對，或是另有原因？總之，問題重重時，我們更要去深入了解問題出在哪裡，這樣問神才有意義。

王博士實境教學

一位在科技業擔任管理階級的先生，公司想派他到大陸擔任大陸廠的總經理並徵詢他的意願。這位先生的考量有二：第一，他雖然還沒有孩子，但太太在臺灣有工作，沒辦法一起去大陸。第二，去大陸工作的條件比臺灣好。他不知道該怎麼抉擇，於是前來梓官城隍廟請城隍爺指點迷津。城隍爺以三個聖筊指示這位先生不要去大陸，還賜三支籤詩說明原因。

前提 **三個聖筊指示不要去大陸**

籤詩的配對 **家運兼事業，以及他太太的身體**

第一支籤詩

甲戌籤　孟姜女哭倒萬里長城、烏精亂宋朝【籤詩歸納：目前不宜，問題重重】

風雲致雨落洋洋，天災時氣必有傷，
命內此事難和合，更逢一足出外鄉。

第二支籤詩

丁未籤　韓信拜將、周文王為太公拖車【籤詩歸納：時機到，順勢而為】P143

太公家業八十成，月出光輝四海明，
命內自然逢大吉，茅屋中間百事亨。

第三支籤詩

壬申籤　劉元普雙生貴子、蘇秦夫妻相會【籤詩歸納：時機到，順勢而為】P228

看君來問心中事，積善之家慶有餘，
運亨財子雙雙至，指日喜氣溢門閭。

要解這三支籤詩很困難，大家要好好看清楚。神明指示的配對是「家運」、「事業」、「他太太的身體」，所以，這位先生要調職到大陸的事，要從這三個方向一起思考。

第一支籤詩在說不要去大陸的原因，「孟姜女哭倒萬里長城」指時機不對，大陸那邊問題重重，此時就任可能會出問題，一旦出問題，要回臺灣可能會很難——孟姜女最後找不到丈夫。

第二支籤詩指出，留在臺灣的條件雖然不比去大陸優渥，但他現在畢竟是「韓信拜將」，很受公司重用，若選擇去大陸，情勢搞不好會完全改變。城隍爺評估後，還是留在臺灣比較好。

至於第三支籤詩為什麼配對到他太太的身體呢？難道是他太太身體有問題？但籤詩非但不是說他太太身體不好，反而說家裡面運亨財子雙雙至！當下我心裡想到五個重點：第一，歷史典故中的「劉元普雙生貴子」；第二，夫妻倆現在還沒有孩子；第三，抽籤配對講到他太太的身體；第四，籤詩並未說他太太的身體不好；第五，籤詩中有雙喜臨門的預言，而且也有配對在家運。

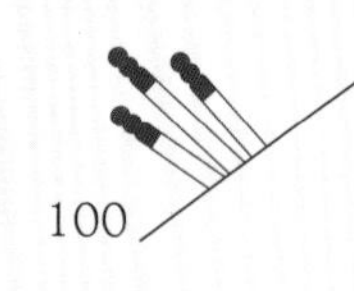

難道……他太太懷孕了？不過，當時我並未說出這個推測，因為我擔心將好事先講出來反而可能會「破掉」。

後來，這位先生決定不去大陸了。而很神奇的是，原來他太太早就知道自己懷孕，只是還沒有跟丈夫說，等他回去跟他太太說：「我本來有一個很好的機會要到大陸的，可是城隍爺說最好不要去，因為除了時機不對，還有妳身體方面的考量──妳身體有不舒服嗎？」

他太太回答他：「很不舒服。」

他嚇了一跳，連忙問太太說：「怎麼了？妳哪裡不舒服？」

「我懷孕了，所以很不舒服。」

聽到這個消息，這位先生高興得不得了，直呼道：「原來城隍爺是這個意思喔！」

後來，夫妻倆一起來城隍廟感謝城隍爺的指示，還對我說：「王老師，謝謝你，籤詩可以解得這麼奧妙，真的很厲害！也謝謝城隍爺，謝謝祂讓我們一家雙喜臨門。」

籤詩只要配對到複雜的方向，思維就要不一樣，籤詩的解法也要跟著不同，問神及解籤有千變萬化，切記不可一成不變。

第七籤

乙丑

王昭君被貶入冷宮遇漢王選入宮、包公暗訪白袍將

解籤歸納：個性

雲開月出正分明，不須進退向前程，
婚姻皆由天註定，和合清吉萬事成。

家運：家運平順，如有爭吵多是言語刺激造成，建議家人說話避免太過犀利。

本運：運勢平順，在講話及個性方面不要太直接、太衝動。

姻緣：已婚或未婚有對象者，會因雙方言語挑釁而有爭執。未婚沒對象，機會如果出現了，要注意說話口氣，避免嚇走對方。

事業：事業順利，對同事、下屬盡量用鼓勵代替指責。

學業：本身程度不錯，如果再認真一點，進步速度會很快。

健康：怒則傷肝；盡量避免暴衝、動怒，這樣對身體有很大影響。

求子：需要緣分，以順其自然的心情來面對，會比較沒有壓力。建議進一步請示神明求子時機點及貴人醫院，會對求子更有幫助。

財運：投資方面今年建議要保守一點。

屏東萬巒宗天宮製

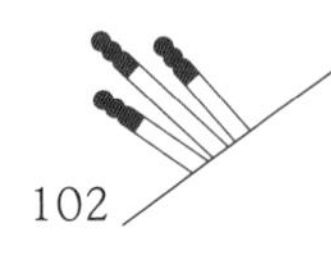

歷史典故

毛延壽是專門為後宮妃子畫畫的宮廷畫師，王昭君拒絕賄賂他，毛延壽於是刻意在畫中醜化她，致使王昭君受漢元帝冷落，多年來始終無緣面君。

解籤

抽到這支籤詩時，神明是要告訴你，你所問之事的確有出現一些問題，這些問題部分出自於你很有正義感、敢講話，但就是太直白，性格上也過於剛毅，所以引起對方的不舒服。以好的方面來講，你是一個維護正義、不向惡勢力低頭的人，這是很令人敬佩的，卻也偏偏是讓你吃虧的地方，不過別太擔心，這件事最終還是可以「萬事成」的，只是過程中會有點不舒服罷了。

神明親授分析祕訣

❶這支籤詩的重點在歷史典故「王昭君被貶入冷宮遇漢王選入宮」。

(1)毛延壽是一個宮廷畫師，專門為後宮及妃子畫畫，供給皇帝選擇。一天，毛延壽向王昭君索賄，表示只要付錢給他，就能把她畫得漂亮一點，自然就會受到皇帝垂憐。然而，王昭君是一個非常正直的人，她斷然拒絕毛延壽的要求，讓他氣得故意在她畫像的臉上多畫了幾顆痣，還假傳聖旨將王昭君打入冷宮。一直到林皇后知道此事的來龍去脈並稟報皇帝後，王昭君才出了冷宮，毛延壽最後也因此被處死。

(2)抽到這支籤詩的人雖然很有正義感，會為弱小挺身而出，但在性格上若能再圓融一點，將會使人際關係更加進步，也能使事業或其他方面更上一層樓。

②這支籤詩也隱含著「還需要一些時間」的意思，也就是說，當你抽到這支籤詩時，神明在指示你這件事既然已經發生了，你也不需要特別擔心，以平常心去看待它，最終就會萬事成，只是過程當中會有一些辛苦，需要去克服。

抽到這支籤時，你必須……

注意兩個方向：第一，在口舌上不要過於直白和犀利。第二，個性或身段方面要盡可能地再柔軟一些。

第八籤

乙卯

諸葛亮隴西割麥、薛仁貴回家

解籤歸納：時機到，順勢而為

禾稻看看結成完，此事必定兩相全，
回到家中寬心坐，妻兒鼓舞樂團圓。

家運：目前正是最佳時機，可著手規劃要做的事。

本運：運勢正好請把握住機會，但執行任何事仍要有完整的規劃安排，成功機率會大增。

姻緣：已婚及未婚有對象者都需建立完善的溝通及未來規劃，會使另一半更有安全感，感情會更加溫。未婚無對象者，姻緣時機已到，若有聯誼、相親機會，要好好把握。

事業：若有意創業，要有完善規劃及審慎評估，有機會達到期待。

學業：妥善擬定讀書計畫及學習目標，隨時自我充實，有機會考取心中理想學校。

健康：身體若有不適，應放寬心情，再配合專業醫生，有機會痊癒。

求子：懷孕時機成熟，再配合請示神明貴人醫院及醫生，更提高受孕機率。

財運：若有投資或合夥，需仔細了解及充分規劃，有機會達到理想利潤。

屏東萬巒宗天宮製

歷史典故

諸葛亮與司馬懿對峙時，後方糧草遲遲未送達，使得諸葛亮腹背受敵。諸葛亮派人假扮自己，混淆敵軍，趁機搶割隴西的小麥，解決了糧草的問題。

解籤

當你要問某件事情該不該做，或者進行到一半而抽到這支籤詩，神明是要告訴你：這件事可以完成，再加上你運勢正好，此事將會有好的結局。如果想要讓這件事的後續發展更好，完整的規劃跟策略將會非常重要。總之，不需要著急、擔心，反而要懂得放寬心，身旁的人會一直支持你的。

此外要注意的是，做事情要光明正大，從背後偷偷做不太好。

神明親授分析祕訣

這支籤詩的重點在歷史典故「諸葛亮隴西割麥」。

(1)諸葛亮率兵北伐時，命李嚴負責後方的糧草，然而，大軍已動，糧草卻遲遲未送達，加上對方的主帥是司馬懿，不可不謹慎。於是，諸葛亮想到隴西的麥子已經成熟，計畫先割隴西麥子應急。諸葛亮當然知道司馬懿也在動隴西麥子的主意，於是使計瞞過司馬懿，順利把隴西的麥子割完，解決了大軍缺糧的危機。

(2)這典故意味著兩個重點：第一，所問之事可以成功，但進行之前必須要有規劃，沒問題了再執行，否則可能會失敗。第二，「隴西割麥」有走後門的含意，也影射著有些事情你

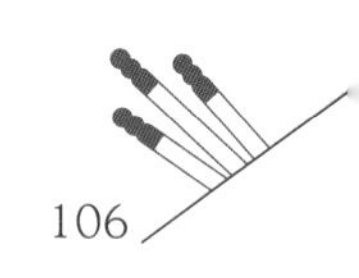

「已經」做了，所以這支籤詩同時也隱喻，這事雖然有其他管道跟途徑，但仍應選擇正道，而非旁門左道，如此才會長長久久。

抽到這支籤時，你必須……

要再注意一件事：這支籤詩如果有再搭配「人為方面」的籤詩（甲申、辛巳），那就表示事情已經發生了，得特別注意，這是因為乙卯籤的第一句「禾稻看看結成完」，「禾稻」——你要問的這件事，「結成完」——已經發生了。假如再搭配抽到甲申、乙卯等籤，解法應該是：很親近或信任的人已經在背後對你做了一些事。

第九籤

乙巳

宋太祖遇呼廷贊

龍虎相隨在深山，君爾何須背後看，
不知此去相愛惧，他日與我卻無干。

解籤歸納：目前不宜，問題重重

家運：家中若有要做重大決策，如不小心恐會影響到整個家庭，應先暫緩。建議請示神明問題點是什麼後再進行。

本運：運勢低迷，目前若有任何計畫，別太急著要做，目前尚不是時機點，等請示神明知道問題點是什麼之後再進行，成功機率才會比較大。

姻緣：已婚或未婚有對象者，應注意雙方相處溝通問題，勿用錯誤方式，導致錯上加錯，未婚沒對象者，若近期有人介紹應多注意對方是否單身狀態。

事業：工作事業勿過於堅持己見，避免引起上司不悅而有嫌隙，影響工作進行。

學業：勿結交不適當的朋友或同學，不然恐怕會耽誤到學業。

健康：若身體不適要看醫生，勿固執不理會，避免拖延變嚴重。

求子：建議先做醫學上的檢查，如檢查都沒問題，那就要請示神明問題點是什麼。

財運：目前暫不宜進行創業、轉職、投資、買賣等事宜，賠錢或被騙的機率很大。

屏東萬巒宗天宮製

歷史典故

呼延贊的父親呼延琮為宋朝將帥，受政敵歐陽方誣陷而被殺，呼延贊於是率兵攻打宋太祖欲為父報仇。宋太祖本不敵呼延贊，頂門卻突現金龍，呼延贊見此情景，確定宋太祖是真龍天子，再加上父親的鬼魂適時現身，說明自己其實是受歐陽方所害而喪命，呼延贊才罷手，歸降大宋。

解籤

目前已經有一個問題在悄悄的醞釀中，不需要再回頭觀望這個問題到底會不會出現；這個問題甚至會嚴重到耽誤你很多事情，如果你聽不進去，執意要做，將來一旦出了事情，就不要怪神明沒有事先跟你說。

神明親授分析祕訣

❶龍虎相隨在深山，「龍虎」代表的是一個問題，也就是說，目前有一個問題即將發生。

❷這支籤詩有時也是在提醒你，目前有一件不該做的事，而你已經做了或者即將要做，神明正在勸你回頭是岸。

❸另一方面，這支籤詩也在提醒一個人的心態。神明知道當事人也許聽不進建議，但既然人都來問祂了，基於慈悲心，不管當事人相不相信，神明還是一定要說出來。

抽到這支籤時，你必須……

繼續問出「問題重重」中的問題指的是什麼，才能知道神明要提醒你什麼事。

乙未

籤

第十籤

乙未

李干戈往武當山求嗣

解籤歸納：目前不宜，問題重重

花開結子一半枯，可惜今年汝虛度，
漸漸日落西山去，勸君不用向前途。

家運：正處低迷狀況，家中若有任何決策，建議暫緩不宜進行，待明年再決定。

本運：目前運勢處谷底，建議今年保守勿躁進，明年立春後再進行想要做的事。

姻緣：已婚者及未婚有對象者相處上較多波折，今年凡事以和為貴，多體諒寬容對方。未婚無對象者明年立春後才會有機會遇到好的對象。

事業：若想轉職，目前仍不宜，暫且忍耐維持現況，明年立春後再考慮去留問題。

學業：今年考運較不易達到目標，若有意轉學考或轉系考，待明年立春後再進行。

健康：若身體有不適，應及早就醫治療，勿小病拖成大病。

求子：今年若想懷孕恐無法達到期待，明年立春後才有機會受孕，可請示神明貴人醫院先進行身體調養。

財運：目前因運低不宜投資、買賣……等，恐會失利，明年立春後再打算。

屏東萬巒宗天宮製

歷史典故

李干戈結婚多年仍未有子嗣，經人指點前往武當山求子嗣。雖然他滿懷誠心前往，最終卻仍然無法如願以償。

解籤

當你所問之事發展不順遂而抽到這支籤詩時，神明是要告訴你：你今年的運勢非常低，好比太陽漸漸下山。建議你今年度要凡事保守，不要太過躁進，也別想再進行什麼事情，暫時先維持現狀，以平安順利為主要考量，一切等來年再說。

此外還要提醒你，所謂的今年度是以農曆來計算的，所以要等農曆的一年過完了，立春過後才能開始考慮繼續進行的問題。

神明親授分析祕訣

❶這支籤詩的每一句都是重點。

(1)「花開結子一半枯」是在告訴抽到籤詩的人，你想要問的事，就好比植物在開花結果時半途枯掉，也就是說——機會已經失去了一半。

(2)「可惜今年汝虛度」隱喻著今年可能要保守地過。

(3)「漸漸日落西山去」表示時機跟運勢都快要消失了，日正當中的運勢將轉為黯淡無光。

(4)「勸君不用向前途」就是神明在提醒你：不要再一直往前衝，宜放慢腳步，今年度暫且維持這樣就好，如此才能為明年的續航力做好準備。

❷如果在問身體時抽到這支籤詩，不管是年長者或年輕人，都要特別留意今年的身體狀況，一旦發覺到哪裡不舒服，就要趕緊去看醫生，切勿小病拖成大病。

❸如果是小孩子抽到這支籤詩，有危險的地方盡量別去，比如說海邊。

抽到這支籤時，你必須……

❶要先知道重點在哪裡，既然神明已提前告訴我們今年運勢非常低，接下來就要小心以對，這個難關自然就會過了。

❷可以再請示神明今年度有什麼地方需特別留意。問神就是要一清二楚，而不是敷衍了事。神明若有大事要提醒我們，我們卻不把它問出來，就算神明有心幫忙，也將心有餘而力不足。

乙酉籤

第十一籤

乙酉

大鵬鳥亂宋朝、韓文公過秦嶺湘子掃霜雪

靈雞漸漸見分明，凡事且看子丑寅，雲開月出照天下，郎君即便見太平。

解籤歸納：時間點——所問之事農曆10月才會明朗化，農曆11月、12月及隔年1月才是進行的好時機

家運：家中多紛擾、容易意見分歧不和睦，農曆11、12、1月後才會漸漸平靜。

本運：目前波折較多，農曆11、12、1月後才會漸漸起運。

姻緣：農曆11、12、1月過後已婚者或未婚有對象者在感情相處上多的波折才會改善，感情漸趨穩定。未婚無對象者，這三個月過後若有人介紹要好好把握。

事業：目前事業運不平順，若要轉職，建議農曆11、12、1月過後再來進行。

學業：容易受外在因素影響學習，若能改善，農曆11、12、1月過後方可提升。

健康：農曆11、12、1月過後較有機會遇到貴人醫院及醫生，建議請示神明。

求子：農曆11、12、1月後較有機會懷孕。

財運：正財方面維持保守就好，投資方面先暫緩，農曆11、12、1月過後再計畫。

屏東萬巒宗天宮製

歷史典故

大鵬金翅明王在聽如來佛祖講法時，出手教訓了擾亂秩序的星官，造成星官女士蝠、鐵背虬王及團魚精受傷及死亡。大鵬金翅明王因此被貶入凡間，投胎成岳飛，被其所傷者也投胎成秦檜、秦檜之妻以及万俟卨，向岳飛報仇，致使北宋朝政大亂。

解籤

你要問的事情目前還有很多紛擾，先等待這些紛紛擾擾過去或稍微平靜後再來進行，才會比較順利。平靜的時間點將會在農曆十月開始，可以進行的時間點則是在農曆十一月、十二月及隔年的一月，在這個時間點進行才會撥雲見日，也比較不會在進行當中遇到麻煩。

神明親授分析祕訣

❶當你抽到這支籤詩時，要知道重點在於歷史典故「大鵬鳥亂宋朝」。

(1)大鵬金翅明王聽如來佛祖講法時啄死了擾亂秩序的星官女士蝠，啄瞎黃河鐵背虬王左眼，看到鐵背虬王被大鵬鳥啄瞎的團魚精罵牠是妖怪，大鵬鳥又啄死團魚精。大鵬金翅明王因此被貶入凡間投胎成岳飛，而為了報復，女士蝠投胎為秦檜之妻劉氏，鐵背虬王投胎為秦檜，團魚精投胎為在風波亭害死岳飛的万俟卨，這段恩怨使得北宋不得安寧，朝政大亂。

(2)這典故是說：還有紛擾會影響大局，若不等紛擾平靜後再做，會對情事的後續發展不利。

❷「靈雞漸漸見分明」指的是農曆十月才剛開始可以掌控這些紛擾，但仍舊不是進行所問之事的好時機；又或者說，你在十月才比較容易看出真正的問題所在。

注意！生肖紀月是這樣排的：一月是鼠月，二月是牛月，三月是虎月，四月是兔月，五月是龍月，六月是蛇月，七月是馬月，八月是羊月，九月是猴月，十月是雞月，十一月是狗月，十二月是豬月。

③「凡事且看子、丑、寅」指的是：任何事先不要急，等到農曆的十一月、十二月及隔年的一月再來進行，才是最好的時機。

注意！地支紀月是這樣排的：一月是寅月，二月是卯月，三月是辰月，四月是巳月，五月是午月，六月是未月，七月是申月，八月是酉月，九月是戌月，十月是亥月，十一月是子月，十二月是丑月。

④這支籤詩的時間點有些複雜，需特別小心推算。

(1)若抽到這支籤詩的日期是在今年農曆的十一月或十二月，剛好落在十一月、十二月或隔年一月的這三個月當中，所以適合的時間點便屬於今年，並不能推算到明年子、丑、寅。

(2)當你抽到這支籤詩的日期是在今年農曆的二月——已經過了一月了，那這個子、丑、寅的時間點就是在講今年年底的十一月、十二月及隔年一月。

抽到這支籤時，你必須……

神明並不希望在解決問題的過程中又冒出別的問題來牽絆住你，所以才賜此籤詩提醒。既然祂已算到紛擾會在「子、丑、寅」這個時間點平靜下來，你千萬要耐心等待。

第十二籤

乙亥

梅良玉與陳春生落難得救、桃花女流年遇太歲

解籤歸納：時機到，順勢而為

長江風浪漸漸靜，于今得進可安寧，必有貴人相扶助，凶事脫出見太平。

家運：過去家運的紛擾即將結束，家人間更有向心力。

本運：運勢即將撥雲見日，而且會有貴人相助。

姻緣：已婚者之家庭波折將雨過天晴，漸趨穩定。未婚無對象者，即將有新機會，若有親友介紹對象，可積極參與。未婚有對象者，能解開誤解、重修舊好。

事業：事業及工作上的挫折將結束，可好好準備接下來的計畫，會有貴人相助。

學業：學業開始會有方向，多聽師長的建議，對學業會有幫助。

健康：身體若有不適，問出貴人醫院及醫生，即能對症下藥，恢復健康指日可待。

求子：求子時機成熟，需有貴人醫生幫助。建議請示神明你的貴人醫院及醫生，並求註生娘娘賜一個孩子給你。

財運：理財、投資方向準確，有機會轉虧為盈。

屏東萬巒宗天宮製

歷史典故

良玉跟春生原本要護送陳杏元去和番，卻在半途被皇旨下令打入大牢。黨進得知兩人是冤枉的，送上盤纏助二人逃命，他們在逃亡途中經歷許多周折，最終當上大官、洗清冤屈。

解籤

當你要問這件事情該不該做，或者正在進行一件事而抽到了此籤，表示過去的風浪已漸漸平靜，可開始考慮進行你打算做的事，而且還會有貴人幫忙，就算有阻礙，也會化險為夷。

神明親授分析祕訣

❶重點在歷史典故「良玉春生落難得救」。良玉跟春生護送陳杏元要去和番，卻被皇帝下旨打入地牢，後來被一個叫黨進的人救出來。沒想到兩人在逃亡路上遇到搶匪，把他們洗劫一空——原本就很慘了，這時又更加落魄。良玉、春生好不容易找到一間破廟休息，偏又禍不單行，被人誣告為盜。春生逃到江邊想跳河自殺，被一位老婦人所救；良玉後來也被一位官人搭救，之後洗刷了冤屈。過了一段時間，良玉跟春生終於重逢，不僅沉冤得雪，也都分別當了官。

❷歷史典故再加上「長江風浪漸漸靜」，指你想問或在做的這件事曾經歷過一段風險與波折，而今雨過天晴，將要平靜，不僅如此，還會有貴人出現幫忙。因此，現在是可以進行的時機。

抽到這支籤時，你必須……

要知道：大難不死必有後福——挫折和坎坷已將結束，整理好心情跟思緒，準備重新出發！

第十三籤

丙子

漢李廣父子陣亡、三藏被紅孩兒燒

解籤歸納：欠點

命中正逢羅孛關，用盡心機總未休，
作福問神難得過，恰是行船上高灘。

家運：家運之所以低迷及不順，是有欠點影響。釐清問題及欠點，並加以解決，家運才會改善。

本運：運勢卡關，進無路退無路。在解決欠點之前，保守為佳。

姻緣：已婚者婚姻陷入膠著。未婚沒有對象者，一直等不到機會。未婚有對象者，就算再努力也難達到心中期待。解決欠點後，才有機會改善。

事業：事業、工作不如預期，停滯不前，難以達到目標。

學業：學業上較無頭緒，沒有學習的動力。

健康：老人及重症要特別注意。抽到此籤的人一般身體不適已持續一段時間，須儘快找出問題點。

求子：求子多次不成功，須找出不孕的問題點，才有機會受孕。

財運：投資卡關、套牢，不宜躁進，需等待時機。正財小心因其他因素造成漏財。

屏東萬巒宗天宮製

歷史典故

漢武帝時，李廣和衛青突擊匈奴。李廣領兵東行要與衛青會合時，因為延遲到達而被衛青責備，憤而自刎。李廣之子李敢認為父親受冤而死，出拳襲擊衛青。衛青雖然不以為意，其姪霍去病卻替他抱不平，藉甘泉宮狩獵的機會射殺了李敢。

解籤

你的人生現在正遇到一個非常低的關限，低到你再怎麼努力、用盡了所有方法，都還是無法達到自己的期待，甚至連求神拜佛都難以改善。現在這種情形就好像把一艘船開上沙灘，結果卡住了一樣，進也無路，退也無路。

神明親授分析祕訣

❶羅孛關，指的是羅關、孛關；這兩個關是指一種運勢非常低的關卡。

❷什麼叫「卡住」？

(1)我曾經遇到一位信徒抽到這支籤詩，經擲筊確認的確是有欠點。那麼為什麼會被卡住呢？原來是因為這位信徒家裡有長輩往生還未對年，什麼事也無法處理，所以神明才會說是「卡住」。

注意！ 對年指的是往生滿一週年，只要家中有人往生未滿一年，家裡面不管是風水、神位或祖先有問題都不能處理，一定要等到一年期滿才可以。

(2)卡住，也有可能是你的運勢已經低到現階段不能跟你講欠點是什麼，因為欠點若講出來卻沒處理，再加上你的運勢又低，很可能會再發生一些不好的事情。基於保護你的立場，神明暫時不指示欠點為何，但是你可以詢問神明什麼時候才能說明，這也是一種權衡之下的做法。

抽到這支籤時，你必須……

這支籤的重點有兩個，一個是運勢很低的羅孛關，另一個是卡住，所以抽到這支籤詩時，你得：(1)先問欠點是什麼，如果神明不跟你講，接著(2)問卡住的原因，原因問出來並解決之後，神明才會告訴你欠點為何，欠點問出來後，最後再問(3)如何處理欠點——這樣才是完整的問事。

第十四籤

丙寅

桃園三結義、曹公賜雲長馬袍贈金銀

財中漸漸見分明，花開花謝結子成，
寬心且看月中桂，郎君即便見太平。

解籤歸納：時間點——農曆8月中之後（如抽籤當日已是農曆9月，那就代表明年農曆8月中）

家運：家中如不順遂，農曆8月中旬有機會得到解決。

本運：本身的運勢在農曆8月中旬起運，現階段先稍微忍耐一下

姻緣：在農曆8月中過後，已婚者爭執會得到解決，切勿衝動做出遺憾的決定。未婚沒對象者，會遇到好機會。未婚有對象，感情會穩定加溫。

事業：農曆8月中過後事業運會漸漸起運，目前如有不順還須忍耐。如要離職、創業，也在8月中過後再做打算。

學業：農曆8月中過後考運會漸漸轉強，領悟力也會慢慢變好。

健康：在農曆8月中過後，老人及重症要特別注意。至於一般狀況者，有機會遇貴人醫生得到有效治療。

求子：農曆8月中過後會有求子的機會。

財運：如果要做投資，在農曆8月中過後再做打算。

屏東萬巒宗天宮製

歷史典故

漢末時期天下大亂，不僅朝中宦官弄權，連張角也號召十萬農民起兵造反，頭綁黃巾，稱為黃巾之亂。亂世必出英雄，當時劉備、關羽、張飛三人有共同理念，想報國卻無門可入。張飛的莊後有一處桃園，當時桃園中桃花盛開，三人於是在桃園裡焚香敬告天地，結為金蘭兄弟，後世稱之為桃園三結義。

解籤

雖然你要問的事情目前還不見成效，仍不要著急，也別太過於焦慮。先放寬心，等時機一到，便會有開花結果的一天。時機點就在農曆八月中，到時這件事情便會開始有好的轉機。

神明親授分析祕訣

❶這支籤詩的重點在於「寬心且看月中桂」，時間點應推算在八月中之後，因為月「中」桂。

注意！以月令來看的話，一月是端月、二月是花月、三月是桐月、四月是梅月、五月是蒲月、六月是荔月、七月是瓜月、八月是桂月、九月是菊月、十月是陽月、十一月是葭月、十二月是臘月。

❷在一些籤詩中，這句「財中漸漸見分明」會寫成「時中漸漸見分明」，這個「時」就是在講時機，以及四時（春夏秋冬）的時機點。總之，「時」指的是時機一到就會出現明顯的目標。

❸請留意時間點的推算：

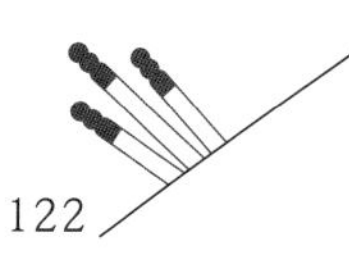

(1)當你是在今年農曆五月抽到這支籤詩，時機點就在今年的八月中，還需等待三個半月。

(2)假設你抽到這支籤詩的日期是在今年農曆九月，那就是在講明年的月中桂了，也就是還需要再等待快一年的時間。

抽到這支籤時，你必須……

思考兩個方向：第一，如果這件事還沒做，就先忍耐到八月時再來做。第二，如果這件事已經做了，且現階段仍有不順的話，就要保守進行，等待八月時就會有新的契機跟貴人出現，屆時情況就會比現在更好。

第十五籤

丙辰

梁浩公中狀元、武吉挑柴打死人

解籤歸納：運勢低，需等待起運

八十原來是太公，看看晚景遇文王，
目下緊事休相問，勸君且守待運通。

家運：目前家運尚低迷，若要進行任何事先且慢，建議請示神明何時進行較好。

本運：目前運勢偏低，暫且別做任何變動，可請示神明何時運會好轉，再來進行。

姻緣：已婚或未婚有對象者，目前相處上較多困難及阻力，彼此應互相寬容體諒，待些時日，關係將會漸改善。未婚沒對象者，可請示神明姻緣時機點。

事業：若工作不順有意轉職，目前尚不是時機，暫且保守穩固目前的工作，建議請示神明何時轉職，才有機會找到更好的。

學業：本身程度不錯，惟目前考運偏低，但未必考不上，只有更加用功才有機會。

健康：病況若有一段時間未好轉，可請示神明貴人醫院及醫生，會有改善的機會。

求子：需要等待時機，可請示神明時機點在什麼時候，再搭配請示貴人醫院在哪。

財運：先穩定守住正財，若有投資或合夥，先暫緩。

屏東萬巒宗天宮製

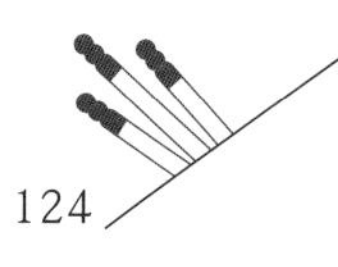

歷史典故

梁浩公十多年來屢試不第，但他不因此氣餒，最終以八十高齡考上狀元，獲得功名。

解籤

抽到這支籤詩時，代表神明要你要等待機遇。雖然你所問之事很緊急，但目前運勢低迷；就像前方有阻礙，須先清除阻礙才能暢通無阻一樣，你也需要等待運勢通順時，才能繼續進行。

神明親授分析祕訣

❶重點在「八十原來是太公」，你就像是姜太公，須等待時機才能遇到周文王，而周文王也經歷一番波折才遇到姜太公——神明出籤詩時不單只看你的運勢，還看現在是不是做此事的時機。

❷這支籤詩的另一個重點在「看看晚景遇文王」，這句話是在隱喻你所問的事，離你的期待還有一段距離，只要耐得住性子，將可以如願以償。

抽到這支籤時，你必須……

❶如果你問的是身體，表示病情已經有好一段時間都沒好轉，雖然當中沒有欠點，但眼下的身體狀況確實有點緊急。這可能是因為之前都沒有遇到貴人（醫生）——也就是周文王——的緣故，建議你問出有貴人的醫院在哪裡，才會有改善的機會。

❷如果你問的是婚姻，雖然籤詩說還要再等待一些時日，但也不能就這樣漫無目標地等下去。建議你再請示神明姻緣時機是在什麼時候，問出確切的時間點。

第十六籤

丙午

夏侯惇中箭、李世民遊地府

不須作福不須求，用盡心機總未休，
陽世不知陰世事，官法如爐不自由。

解籤歸納：欠點

家運：家運不順是因有欠點影響，須找出欠點並解決之後家運才會改善。

本運：本身運勢低迷又事事不順，在解決欠點之前一切都應先按兵不動。

姻緣：已婚及未婚有對象者，已面臨一段時間的困境。未婚沒對象者，長久以來一直沒有機會遇到對象。主要原因是背後有一欠點存在。

事業：事業工作一直很低迷，即便轉職仍會面臨同樣的困境。先請示出欠點並加以解決才會改善。

學業：即使很努力，卻一直無法達到心目中的期待。

健康：身體欠安抽到這支籤詩，是一種「假病」，也就是欠點所造成的。

求子：欠點造成結婚多年不孕，或有受孕但胚胎一直無法順利著床。

財運：建議解決欠點之前切勿再做任何的投資理財，以免投資失利。

屏東萬巒宗天宮製

歷史典故

夏侯惇是曹操手下一位大將，有一天跟呂布的愛將狹路相逢，兩軍大戰了四、五十回合。呂布另一位名叫曹性的手下趁夏侯惇殺紅眼時，對著夏侯惇射出一箭，正中夏侯惇的左眼。夏侯惇忍痛將箭矢連同眼珠子一起拔下，說了一句：「父精母血，不可棄之。」然後把眼珠子吃下去，接著一槍把曹性刺下馬。

解籤

你若抽到這支籤詩，代表你遇到的事情就算是祈福、求神或問卜，效果也非常有限。現在做什麼都不順的主要原因，是因為你（陽世）不知道有關死的人（陰世）的事情所導致的。

神明親授分析祕訣

❶抽到這支籤詩，表示你的確有欠點，而且正是造成你事事不順的主因，此時唯有把主因找出來並加以解決，才有辦法讓未來順利、光明。

❷欠點方向可以從祖先、倒房、神桌、風水或外方等常見的欠點問起（請參考《神啊！我要怎麼問你問題？》）。

抽到這支籤時，你必須……

「陰世」指的就是欠點，也就是事情不順的阻礙點，當你抽到這支籤詩，一定要把這個欠點問出來，否則就算你再怎麼努力，效果也是有限（用盡心機總未休）。

王博士實境教學

曾經，有一位先生的媽媽莫名的頭痛了將近一年的時間，一痛起來就無法入眠，讓她非常非常的困擾。

這一年來做過許多檢查，但始終都找不到原因，這位先生於是前來梓官城隍廟請示城隍爺，城隍爺出了兩支籤詩。

籤詩的配對 身體

第一支籤詩

丙午籤　夏侯惇中箭、李世民遊地府【籤詩歸納：欠點】

不須作福不須求，用盡心機總未休，
陽世不知陰世事，官法如爐不自由。

第二支籤詩

辛未籤　狄仁傑興大唐、江中立欽賜狀元【籤詩歸納：時間點】P208

功名得位與君顯，前途富貴喜安然，
若遇一輪明月照，十五團圓光滿天。

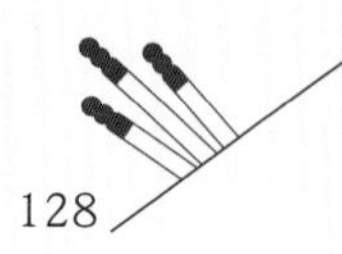

兩支籤詩排列順序解法

第一支籤詩看似不好，第二支籤詩看似好，所以籤詩要解成：第一支的欠點如果找出來並解決之後，頭痛方面的問題在十五號過後就會慢慢改善，至於時間點在哪一個月的十五號，我們還需要再問出來。

在進一步請示欠點是什麼之後，城隍爺指示出，欠點是祖先的一門風水出現蔭屍，只要解決了這個欠點，農曆六月十五號過後，頭痛的情形就會慢慢改善。此外，城隍爺又指示了一個重點，請這位先生回家點香先跟祖先稟報，幫助他媽媽先改善頭痛，等有了改善之後，再來處理風水問題，這樣就可以印證看看是不是確有其事，假使點完香之後頭痛開始改善，就能證實是風水有問題。

當事人回家後，遵照城隍爺指示，跟媽媽一起點香向祖先稟報，隔了三天，媽媽頭痛的情況真的開始減輕。在撿完骨之後，頭痛的情況又減輕了一些，一直到我幫他的祖先看完塔位與方位、正式進塔後，他媽媽的頭痛幾乎已經完全好了。

第十七籤

丙申

龐涓馬陵道分屍、薛剛大鬧花燈跌死太子驚死聖駕

解籤歸納：個性

舊恨重重未改為，家中禍患不臨身，
須當謹防宜作福，龍蛇交會得和合。

家運：家運尚可，惟家人之間常因個性、言語犀利起爭執，彼此應冷靜溝通，才能凝聚家人情感、有助家運提升。

本運：運勢尚可，若個性上能再圓融一點，能再聽進他人意見，則有利各方面推展順利，相對也為自己創造更多人脈機會。

姻緣：已婚者及未婚有對象者在相處上勿過於固執，應溝通為上。未婚無對象者，若有人介紹，要積極去認識，但避免個性過於主觀而嚇到對方。

事業：應多聽他人意見，切莫主觀堅持己見，才有利專案推動及人際關係發展。

學業：與同儕間的相處，避免太過強勢主觀，以免導致周遭的同學不滿。

健康：若有不適仍應尋求正確的治療，切勿固執認為偏方可治癒。

求子：若多年不孕，是因身體某部分的影響。建議問出貴人醫院，尋求專業醫學上的協助，會增加成功機率。

財運：投資理財應審慎評估，切勿自認為可行而盲目投入資金，恐達不到預期。

屏東萬巒宗天宮製

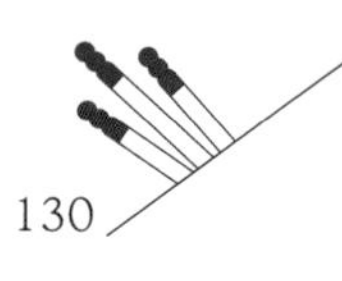

歷史典故

孫臏與龐涓為同門師兄弟，龐涓自知不如孫臏，一直十分忌妒師兄，甚至設計陷害他。孫臏被害後看清了龐涓的真面目，利用龐涓太過自信的性格，將他引至馬陵道。龐涓果然上當，結果在馬陵道上遭萬箭穿身而死。

解籤

你有一些舊習氣一直以來都沒有改，可能是因為你始終沒有留意到自身的問題；唯有把這些舊習氣好好地改掉，所問之事才能順利進行下去。只要能改掉這些習氣，以後就算遇到再複雜的事情，都可以化險為夷，轉危為安。

神明親授分析秘訣

❶這支籤詩的重點在於歷史典故「龐涓馬陵道分屍」。孫臏知道龐涓有過於自信、猜忌和驕傲的性格，不容易聽進別人提出的建議，於是在一次大戰當中用了「減灶戰術」加「走為上策之計」來誘惑龐涓。龐涓果然不聽他人勸告，一意孤行，最後在馬陵道上被亂箭射死。

❷這支籤詩的另一個重點是「舊恨重重未改為」這句話。

(1)「舊恨」指的就是舊習氣，也可以說是一種性格。「重重」是「多個」以及「一直以來」的意思。當你抽到這支籤詩，就是神明要你注意：有些舊習氣或性格常久以來都沒有改變，這就是事情不順的根本原因。只有找出「舊恨」再加以改進，你所問或想做的事才會圓滿順利。你可以回想看看，自己是不是過於執著、常常聽不進別人的意見，或者是主觀很強，如果有的話，為了將來著想，也為了使未來的路更加的順利，請現在應該開始改變自己了！

⑵「舊恨」還有另一種含意：如果這支籤詩是配對在事業，有可能表示經營策略、方法或銷售技巧一直都循著舊路在走，神明是在提醒你要求新、求變。

抽到這支籤時，你必須……

要了解一個重點：性格上的一些因素是影響所問之事的主因，因此，應該要多方面思考、多聽他人意見，切莫過於主觀。

王博士實境教學

一位先生在公司工作快十年了，資歷跟學歷都已達升遷資格，卻總是擦身而過，所以來到城隍廟尋求指引。

結果，城隍爺給了他三支籤詩：辛丑、乙丑、丙申。

籤詩的配對　事業兼本身缺點

第一支籤詩

辛丑籤　文舉中狀元玉真行路、偶才母子井邊相會【籤詩歸納：時間點】P199

一年作事急如飛，君爾寬心莫遲疑，
貴人還在千里外，音信月中漸漸知。

第二支籤詩

乙丑籤　王昭君被貶入冷宮遇漢王選入宮、包公暗訪白袍將【籤詩歸納：個性】P101

雲開月出正分明，不須進退向前程，
婚姻皆由天註定，和合清吉萬事成。

第三支籤詩

丙申籤　龐涓馬陵道分屍、薛剛大鬧花燈跌死太子驚死聖駕【籤詩歸納：個性】

舊恨重重未改為，家中禍患不臨身，
須當謹防宜作福，龍蛇交會得和合。

既然籤詩是配對在事業兼本身缺點，那就表示當事人不能升遷的問題與本身缺點有關連。第一支籤詩指出，雖然時間一年一年地過去，這位先生確實沒有貴人，但在下個月的十五號過後，升遷的機會就會慢慢來臨。不過，這位先生有兩個個性上的缺點：第一，說話太直接，個性不夠圓融，讓聽者很不舒服，誤會便由此產生（王昭君被貶入冷宮遇漢王選入宮）。第二，是第三支籤詩所提到，太過自信，難以聽進別人的建議（龐涓馬陵道分屍）。綜合三支籤詩，城隍爺是要告訴當事人，只要改進這兩個缺點，下個月十五號過後，機會就會慢慢來臨。

三個月後，上司提報上去的升遷名單中終於有這位先生的名字了，上司也對他明講：「你時常跟人起爭執，有時連上司的指示都聽不進去，所以我才不敢提名你，不過這段期間你改變了很多，希望這個改變能夠持之以恆。」事後，這位先生特地來感謝城隍爺當初的指示，不然連他自己都不知道問題出在哪裡。

丙戊籤

第十八籤

丙戊

潘安中狀元、秦叔寶救李淵全家

解籤歸納：時機到，順勢而為

君問中間此言因，看看祿馬拱前程，
若得貴人多得利，和合自有兩分明。

家運：穩定平順，可向神明祈求家運能更向上發展。

本運：本身條件及目前運勢不錯，若能再拓展人脈，有助於遇到貴人提攜。

姻緣：已婚者、未婚有對象者與另一半若有意見不同，由身旁理智的人居中協調較容易使情況緩解。未婚無對象者，由親朋好友介紹有較高機會結識新對象。

事業：目前事業很適合你，也有機會升遷，但要注意人事和諧。若要轉職，有熟悉的人介紹會更有利。

學業：資質佳理解力強，有機會考取理想學校。學校甄選若得師長推薦更為加分。

健康：身體如果有不適，可請示神明貴人醫院，有機會遇到有耐心、能夠對症下藥的好醫生。

求子：有機會懷孕，建議可請示神明貴人醫院及醫生，能更快受孕。

財運：正財穩定，投資理財亦可進行，但最好研究過後或請教專家後再進行。

屏東萬巒宗天宮製

歷史典故

潘岳，字安仁，世稱潘安，是西晉一位著名的文學家，頗富才華，外在條件也不錯，早年仕途並不順遂，仕途亨通後，卻因捲入一場政治陰謀，最後沒能得到善終。

解籤

當你要問這件事情該不該做，或正在進行一件事情而抽到此籤，那麼這件事情可以進行。你的命格裡有這方面的定數與能力，外在的一些條件也還可以，若能再得到貴人幫忙，此事的發展將會更圓滿。但要注意君子有所為，有所不為，在「人和」方面要有自己的基本原則。

神明親授分析祕訣

❶重點在「君問中間此言因，看看祿馬拱前程」。意謂所問之事，以命格來看是適合，以時機來看正是時候。「祿馬」指「祿馬貴人」，指局勢有利於有上進心、能持之以恆者。

❷抽到這支籤詩時，如果能再加強人和方面的關係，將能更加如魚得水。

❸另一個重點在歷史典故「潘安中狀元」。潘安因捲入一場政治陰謀，最後被滿門抄斬。此隱喻高處不勝寒——人在最得意時，往往也最容易出事，千萬要自我警惕。

抽到這支籤時，你必須……

要注意禍福相依——人在經歷過一段不如意後而成功時，往往容易得意忘形，所以，抽到這支籤詩時，要時時提醒自己虛懷若谷。

第十九籤

丁丑

蘇秦真不第、紅孩兒截住路頭

解籤歸納：個性

富貴由命天註定，心高必然誤君期，
不然且回依舊路，雲開月出自分明。

家運：家運平順，若有重要計畫，須考慮理想跟現實是否能平衡，建議保守為佳。

本運：運勢平平，沉潛時可努力投資自己、增加實力，待起運時即能發揮所長。

姻緣：已婚者對另一半過多要求，可能會造成婚姻間的摩擦。未婚者若放寬擇偶標準，會有更多機會。未婚有對象者，要放寬對彼此的堅持，感情會更穩定。

事業：創業者須審視自己的規劃是否超過能力所及的範圍。上班族不要給自己太大壓力，腳踏實地、奮發向上，會有被上司重視的一天。

學業：學習範圍太大，可再精準選出科目及方向，對學習及考試會有幫助。

健康：長期壓力緊繃或太在意別人對自己的看法而日夜操勞，對健康會有影響。

求子：求子不要過於急躁，可請示神明求子時間點，配合時機點會使機會大增。

財運：投資、理財應該量力而為，切勿投機或設定太大的目標，否則難達預期。正財宜守。

屏東萬巒宗天宮製

歷史典故

蘇秦雖然富有才學，多次向秦惠王獻上「連橫」政策，卻始終不受賞識，最後落魄回鄉，受盡親友的冷嘲熱諷。蘇秦並未因此放棄，為了用心鑽研鬼谷子的兵書，不惜懸梁刺骨，最終得以成為六國宰相。

解籤

抽到這支籤詩時，神明是要告訴你做事的標準不要太高，若標準過高，不只不容易達到目標，還會耽誤很多的時間。

現階段最好的辦法就是降低標準，如此一來，目標比較容易達成，事情自然也比較能夠圓滿解決。

神明親授分析祕訣

❶這支籤詩的重點在「心高必然誤君期」。這句話的涵意很深奧，包含範圍也很廣泛：

(1)當你正要開創事業時抽到這支籤詩，就有可能代表你設定的規模太大，依目前的能力不容易達成，所以最好稍微降低規模。

(2)在問感情或婚姻時抽到這支籤詩，可能代表設定的條件太高，或者你期待對方達到你的標準，對方卻達不到，因而產生了一些問題。這時候，應該思考自己是否要放寬這些堅持。

❷歷史典故「蘇秦真不第」也是一個重點。蘇秦是鬼谷子的學生，未當上六國宰相前可說是非常落魄，連大哥、大嫂都看不起他，但蘇秦並沒有放棄自己，反而奮發向上、懸梁刺股，終於成

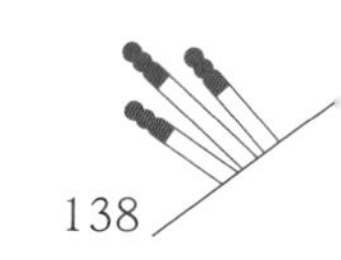

功的成為戰國時代非常有名的六國宰相。因此，這支籤詩也隱含著神明在鼓勵你：不要放棄，要好好的精進自己、努力向上，就會有成功的一天。

抽到這支籤時，你必須……

要注意以下幾點：第一，要做的事情會不會超過你的能力範圍，第二，會不會過於要求對方一定要達到你的要求，第三，目前還不是該做這件事的時候——抽到這支籤詩的人宜留意，要將理想與現實分清楚。

第二十籤

丁卯

朱弁落冷山、孫悟空大難水災

解籤歸納：欠點

前途功名未得意，只恐命內有交加，
兩家必定防損失，勸君且退莫咨嗟。

家運：家運不順是有欠點影響，須找出欠點並解決之後家運才會改善。

本運：本身運勢低迷又事事不順，在解決欠點之前，一切都應先按兵不動。

姻緣：已婚者感情已面臨一段時間的困境。未婚者，已一段時間沒機會遇到對象，或介入他人感情與家庭中，建議要回頭是岸。

事業：事業一直很低迷、沒有起色，工作也一直浮浮沉沉，波折不斷。

學業：即使很努力，卻一直無法達到心目中的期待。

健康：身體欠安抽到這支籤詩，是一種「假病」；也就是欠點所造成的。

求子：欠點造成結婚多年不孕，或有受孕但胚胎一直無法順利著床。

財運：建議解決欠點之前切勿再做任何的投資，以免投資失利。

屏東萬巒宗天宮製

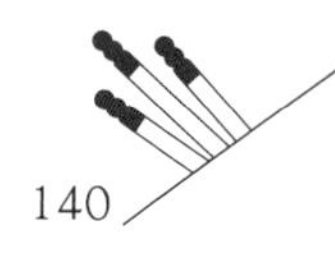

歷史典故

宋朝靖康之恥，金兵挾持宋欽宗和宋徽宗，副使朱弁出使金國。金國國王見朱弁膽識過人，想將公主許配給朱弁，勸他降金。朱弁不肯接受，被困於冷山長達十六年，十六年來始終與公主兄妹相稱。金國國王佩服朱弁的堅決，最終讓他返宋。

解籤

這支籤詩指出你目前的前途、事業、感情、婚姻及運勢都不是很得意，因為你的生命裡面有一個欠點存在。只要這個欠點存在，你的運勢就不會好轉，為了使運勢好轉，勢必要將欠點找出來，並且加以解決。

神明親授分析祕訣

❶這支籤詩的重點在於「兩家」的涵意，兩家的其中一家指的是欠點，另一家則是你的運勢，也包含了你想問的事。

❷欠點中的「兩家」不能並存，若「欠點」這一家沒找出來，那就「勸君且退莫咨嗟」——不用再繼續問下去了，再問下去，結果還是不會改變。只要根本問題沒解決，困境便無法改善。

抽到這支籤時，你必須……

抽到這支籤詩時，神明就是要我們把其中的一家——「欠點」問出來，待欠點解決之後，運勢自然會慢慢改善。

第二十一籤

丁巳

觀音收大鵬鳥、朱壽昌尋母在長亭

解籤歸納：時機到，順勢而為

十方佛法有靈通，大難禍患不相同，
紅日當空常照耀，還有貴人到家堂。

家運：家中的紛紛擾擾已快平靜，且會有貴人相助，放寬心。

本運：此時運勢已漸漸起運，如有想變動之情事，可開始考慮、評估進行。

姻緣：已婚或未婚有對象者，感情會漸漸趨於穩定。未婚沒對象者，可積極參加聯誼活動，有機會認識另一半，甚至還會有親友介紹。

事業：若有提案或升遷機會，可考慮爭取，且會獲得主管賞識及貴人相助。若要轉職，此時正是時候。

學業：目前考運正強，想報考也可以選在這個時候。

健康：過去身體不適，將漸漸改善，且有機會經旁人介紹遇到貴人醫生，得到有效治療。

求子：懷孕時機成熟，亦可求註生娘娘幫忙，有機會提高受孕機會。

財運：正財穩定，若有投資或合夥，可考慮進行，且會有貴人提點。

屏東萬巒宗天宮製

歷史典故

大鵬鳥危害人間，後遭觀音佛祖收服，帶在身邊修行。

解籤

當你要問這件事該不該做，或正在進行某事而抽到此籤，神明是要告訴你：過去那段紛紛擾擾如今已經平靜，目前的時機有如日正當中、晴空萬里，不但可以正式進行，還會有貴人相助。

神明親授分析祕訣

❶這支籤詩的重點在歷史典故「觀音收大鵬鳥」。觀音佛祖看到大鵬鳥危害人間，於是收伏了牠，並在大鵬鳥的嘴上扣上一個環扣，這隻大鵬鳥從此就跟在觀音佛祖的身邊修行。此典故的意思是：過去那一段紛擾即將平靜，所問之事可以開始著手規劃進行了。

❷乙酉籤的歷史典故是「大鵬鳥亂宋朝」，意謂著局勢很混亂，而這支籤詩的歷史典故是「觀音收大鵬鳥」，指局勢即將平靜。這兩支籤詩有關連性，但結局大不相同——風波還未平靜時，不要冒然下去做，如果冒然進行，很有可能會演變成無法收拾的局面，一波未平，一波又起；而今已風平浪靜，正是進行的好時機。

❸當我們看不清楚局勢的時候，神明就會藉由這支籤詩讓我們知道局勢是否已經明朗化。

抽到這支籤時，你必須……

要把握現在：過去的紛紛擾擾已過，將要開始平靜了，可以正式規劃並準備進行所問之事。

第二十二籤

丁未

韓信拜將、周文王為太公拖車

解籤歸納：時機到，順勢而為

太公家業八十成，月出光輝四海明，命內自然逢大吉，茅屋中間百事亨。

家運：家運算是穩定向上發展當中，家中成員都有不錯的發展。

本運：時間已經快要成熟，將可以一展長才。

姻緣：已婚者及未婚有對象者，與另一半穩定發展，未婚沒對象者，姻緣時機即將出現，建議請示神明姻緣時機在什麼時候。

事業：目前工作雖然看似沒什麼發展，卻比其他地方還要穩定。

學業：學業持續進步，領悟力也不錯，如果要報考，可以把握當下。

健康：如果身體現階段有微恙，有機會痊癒。

求子：過去求子不順，但現在時機漸漸成熟，可以開始規劃進行，建議問出貴人醫院及醫生雙管齊下，增加受孕成功率。

財運：雖然目前的時機可以投資，但也要量力而為。

屏東萬巒宗天宮製

歷史典故

韓信原為布衣，前後跟隨過許多人，始終不曾受到重用，之後轉而投靠劉邦。蕭何發現韓信是個有能之士，於是將他舉薦給劉邦，劉邦卻無動於衷。韓信認為自己在劉邦底下無發展機會，於是動身回中原另謀高就，蕭何得知後快馬追趕——即眾所周知的「蕭何月下追韓信」，也讓劉邦因此注意到韓信，任命他為大將。

解籤

當你要問這件事情該不該做，或是正在進行一件事情而抽到了此籤，神明是要告訴你：你的時機到了，過去雖然懷才不遇、有志難伸，但是現在已經遇到你的伯樂，接下來可以好好發揮專長了。

神明親授分析祕訣

❶這支籤詩重點在歷史典故「韓信拜將」。

(1)劉邦發現韓信為大將之才，於是正式登壇，拜他為大將軍。因為之前懷才不遇，才會有「蕭何月下追韓信」的故事，而今時機已成熟，兩方也已有共識，正是一展長才的時候。

(2)籤詩典故還要跟「太公家業八十成」整合來解，姜太公在八十歲時遇到明主周文王，再加上歷史典故說韓信時運已到，兩句話整合起來，更加確定時機已到，可以開始進行了。

❷這支籤詩的另一個重點是「茅屋中間百事亨」，指示出：雖然住在看似不起眼的茅屋裡面，但相對來說，卻是對你最好、最安全穩定的。根據我問事快二十年的經驗——

(1)如果你是問事業，而且現在已經有工作，代表神明要告訴你：這個工作雖然看似沒什麼發展，卻比其他的地方還要穩定。

(2)如果你是問婚姻及感情，而且已經結婚或已有對象，就代表神明要告訴你：雖然你認為對方很平庸，外在也沒什麼特別之處，但這個對象卻值得你信任。

❸你若抽到這支籤詩，神明也是在教你：看事情的角度不要太過膚淺。

抽到這支籤時，你必須……

要知道兩個重點：第一，你跟韓信一樣，是個有能力的的人，而現階段的時機也來臨了，要好好發揮你的才華。第二，你對所問之事雖然不是很滿意，但此事對你來說卻是最穩定的。

第二十三籤

丁酉

姜太公渭水河釣魚、姜子牙為武吉掩卦

解籤歸納：目前不宜，問題重重

欲去長江水闊茫，前途未遂運未通，如今絲綸常在手，只恐魚水不相逢。

家運：家運不順勢是因為有欠點，建議逐一請示神明這個欠點是什麼，找出來解決之後，家運才會順利。

本運：因欠點而運勢低迷，請示神明原因並找出要點改善，要做的事才能順利。

姻緣：已婚者及未婚有對象者與另一半若有誤解，應當溝通，冷靜地分析誤會根源，找出癥結點——沉默會使誤會加深。未婚沒對象者，建議檢視自己缺點加以改進，才有機會結識新對象。

事業：事業不理想若未找出問題點，切勿輕率轉職，否則問題還是存在。

學業：應當省思學習態度、方法、同儕間的行為風氣、自我約束力等，並且逐一改善，才能有效提升學業成績。

健康：身體不適要好好配合醫生並找出病因，無成效時要找出欠點才有機會改善。

求子：求子不順有欠點影響，也須找專業醫生診斷治療並調身體，才有機會受孕。

財運：正財保守穩定，投資若無詳細了解後再進行，恐無法達到期待的利潤值。

屏東萬巒宗天宮製

歷史典故

姜子牙原本是紂王的下大夫，姜子牙認為紂王興建鹿臺將勞民傷財，上書勸諫，惹得紂王大怒，下令斬殺。姜子牙於隱居在溪邊垂釣，等待明主出現，八十歲時才受周文王聘為宰相。

解籤

當你所問之事發展不順遂而抽到這支籤詩時，神明是要告訴你：你目前的情況彷彿身處大海當中，茫茫看不清楚方向。目前你不僅前途不如意，運勢也很低迷，眼前的所有問題（欠點）就好像一團絲線交纏在一起，甚至打結。現階段，你必須把這些打結的絲線一個一個解開，而且得從最重要的結開始解；若放任這些結繼續糾纏，恐怕會像魚離開了水，衍生出更大的問題。

神明親授分析祕訣

❶重點在「如今絲綸常在手」，指欠點多到像一團絲線打好幾個結，若不先解開，事難圓滿。
❷神明出這支籤詩，就代表祂們已經查到裡面問題重重，才導致你所問之事無法圓滿達成。
❸如果這支籤詩又剛好配對在欠點的話，就代表這個欠點錯綜複雜，必須抽絲剝繭，找出最主要的癥結點——只要把這個主要的結解開，剩下的結自然就會跟著解開。
❹若這支籤是配對在身體方面，就代表身體狀況很複雜。

抽到這支籤時，你必須……

請示神明，把主要的癥結點找出來，一旦找出來了，扭轉乾坤就有可能了。

第二十四籤

丁亥

楊文廣征南閩

月出光輝四海明，前途祿位見太平，
浮雲掃退終無事，可保禍患不臨身。

解籤歸納：尚有波折，終將化險為夷

家運：家運平順，惟家人間盡量避免口舌之爭、互相體諒，更凝聚家人向心力。

本運：目前運勢平穩，惟避免與周遭人事有口舌紛爭。

姻緣：已婚者、未婚有對象者，盡量避免與另一半有口角摩擦而影響相處氛圍。未婚無對象者，姻緣時機快到了，時間點可請示神明。

事業：本身為有能力之人，面對上級主管或老闆應虛懷若谷，避免硬碰硬，才有利事業發展。

學業：有才智、學習力佳，雖目前學業及考運可能未達預期標準，待運勢轉強，有機會達到目標。

健康：身體如能好好調養，會恢復得很快，但也需配合醫生的治療。

求子：若結婚多年不孕，需有貴人醫生幫助，可請示神明貴人醫院，有機會受孕。

財運：正財可守住，但要特別注意人跟人之間的往來，避免有金錢上的糾紛。

屏東萬巒宗天宮製

歷史典故

宋仁宗派楊宗保父子去平反南蠻（南閩）叛亂，楊宗保在戰役中落馬受傷，子楊文廣前往營救，雙雙被困於柳州城。之後宋仁宗派兵支援，最終得以平定南蠻叛亂。

解籤

當你所問之事進行得不順遂而抽到這支籤詩時，神明是要告訴你：你是一個很有能力的人，不但有過人之處，也很有想法，目前的前途跟職位都還算可以。不過，你現在還有一些不順遂，好比浮雲罩頂，讓你有氣無力、有些心灰意冷，但不用太擔心，只要再忍耐一下，不需要多久時間，一旦這團浮雲漂走，一切事情都會順利起來。

神明親授分析祕訣

❶這支籤詩的重點在歷史典故「楊文廣征南閩」。

(1)宋仁宗時，南蠻發起叛亂攻占了柳州城，宋仁宗於是派狄青前往平亂，可惜狄青失敗了，只好改派楊宗保擔任平叛大元帥、其子楊文廣為先鋒大將。一場大戰後雖收復了柳州城，楊宗保卻在其中一場戰役落馬受傷，楊文廣前往營救父親，雙雙被困在柳州城裡。最後是在仁宗派兵支援之下才得救，也順利平定了南蠻的叛亂。

(2)這個典故隱喻著人與人之間的紛爭與混亂，代表雙方已發生了一些摩擦。「浮雲掃退終無事」的「浮雲」講的就是紛爭跟混亂，只要浮雲一過，接下來就會比較平順了。

❷當你抽到這支籤詩時，要知道當中的浮雲及歷史典故所代表的意義；如果對方是上司或老闆，

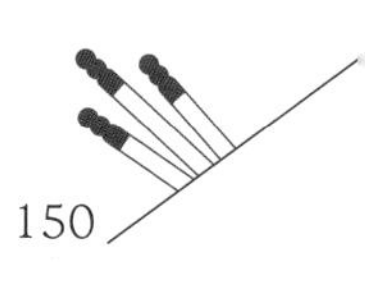

建議你盡量把身段放軟一些，虛懷若谷，千萬不要脾氣上來了就硬碰硬，這樣反而會傷害到自己。既然籤詩已指明大致上都還不錯，只是有些浮雲，那就靜心等待浮雲過去，一切自然就會海闊天空，同時也能讓自己在等待的過程中，吸取不少寶貴的人生經驗。

抽到這支籤時，你必須……

要知道所問之事就好像在南蠻打戰一樣，尚需要一些時間才能成功，在這段期間內；你要有毅力、要堅忍不拔，還需有智慧，等時機一到，就會化險為夷，成就也將指日可待。

曾有一位小姐來城隍廟要請示官司方面的問題，起因是某一天早上開車上班的途中，她想停下來到超商買杯咖啡，卻因為開車門時沒注意到後方來車，導致一位騎機車的老太太撞上車門，受傷送醫。老太太送醫治療後雖無大礙，卻堅持向她提告，讓這位小姐十分擔憂，所以特別前來請城隍爺指點迷津。城隍爺給了這位小姐五支籤詩：丁亥、乙卯、乙亥、己未、丙申。

籤詩的配對

今年下半年本運兼官司

第一支籤詩

丁亥籤　楊文廣征南閩【籤詩歸納：尚有波折，終將化險為夷】

月出光輝四海明，前途祿位見太平，
浮雲掃退終無事，可保禍患不臨身。

第二支籤詩

乙卯籤　諸葛亮隴西割麥、薛仁貴回家【籤詩歸納：時機到，順勢而為】P104

禾稻看看結成完，此事必定兩相全，
回到家中寬心坐，妻兒鼓舞樂團圓。

第三支籤詩

乙亥籤　梅良玉與陳春生落難得救、桃花女流年遇太歲【籤詩歸納：時機到，順勢而為】P115

長江風浪漸漸靜，于今得進可安寧，
必有貴人相扶助，凶事脫出見太平。

第四支籤詩

己未籤　朱壽昌棄官迎恩亭內尋母、曹操潼關遇馬超脫險【籤詩歸納：時間點】P177

危險高山行過盡，莫嫌此路有重重，
若見蘭桂漸漸發，去蛇反轉變成龍。

第五支籤詩

丙申籤　龐涓馬陵道分屍、薛剛大鬧花燈跌死太子驚死聖駕【籤詩歸納：個性】P129

舊恨重重未改為，家中禍患不臨身，
須當謹防宜作福，龍蛇交會得和合。

從這五支籤詩我們可以看出神明在處理事情的思維跟角度。

第一支籤詩的歷史典故「楊文廣征南閩」，指示這件事就像是人與人之間的戰爭，還需要經過一些波折，才有可能歸於平靜。至於這些波折何時會散掉，城隍爺自然會有所交代。

第二支籤詩是要跟當事人說，既然事情已經發生了（禾稻看看結成完），就不要太過焦慮，暫且放寬心，就城隍爺看來，官司的後續發展不會不樂觀。

第三支籤詩是城隍爺要跟當事人說，這段時間她的內心確實經歷過很長的煎熬，但不用擔心，最終會有貴人出現來拉她一把。

第四支籤詩則是要對當事人說，第一支籤詩所說的浮雲將會在接近農曆八月（下半年）的時候慢慢散去，屆時那一段驚險及害怕的經歷就會過去。

第五支籤詩是城隍爺提醒當事人，開車門不注意後方來車是她的壞習慣，而且並非第一次發生，只是這次並沒有像之前那麼好運。「舊恨重重未改為」中的「舊恨」指舊習氣，「重重」表示一再發生，所以城隍爺才會勸誡她一定要改掉這個舊毛病，不然一定還會再發生類似事故。

於是我告訴這位小姐，整體看起來，這件官司並沒有不樂觀的發展。過了一個月，這位小姐來參加梓官城隍廟的普渡，她看到我之後馬上就說：「王老師，那件官司上禮拜就沒事了，我整個人都輕鬆了起來。」我問她過程怎樣，她回答我說：「檢察官先勸我們雙方好好的談，不知怎麼的，對方真的願意跟我和解，賠償金額也沒有獅子大開口。一切終於落幕了！所以我特地來參加城隍爺的中元普渡，一來謝謝王老師，二來感謝城隍爺的保佑。」

戊子籤

第二十五籤

戊子

劉文良別妻

總是前途莫心勞，求神問聖枉是多，
但看雞犬日過後，不須作福事如何。

解籤歸納：時間點——農曆10月、11月過後

家運：家運不順遂，建議先以靜制動，農曆10、11月後才有漸入佳境的機會。

本運：運勢不如意，建議此時不要隨意下任何決定，待農曆10、11月後再進行。

姻緣：已婚者切勿衝動做出後悔決定，待農曆10、11月過後會有轉機。未婚有對象者，農曆10、11月過後，關係會慢慢改善。未婚沒對象者，農曆10、11月後會有明顯的機會，請好好把握。

事業：若有意轉職，建議在農曆10、11月過後再進行，在此之前易多波折。

學業：若學業總是達不到自我期待，農曆10、11月過後領悟力、智慧會漸轉強，成績有機會改善。

健康：農曆10、11月後有機會讓貴人醫生有效治療，屆時可請示神明貴人醫院。

求子：在農曆10、11月過後會比較有求子機會，建議請示神明貴人醫院及醫生。

財運：農曆10、11月前盡量不要做任何的投資，以免達不到預期的結果。

屏東萬巒宗天宮製

歷史典故

劉文良為了護送王昭君前往番邦和親，而與新婚的妻子告別。

解籤

你要問的事情已經讓你勞心勞力好一段時間了，甚至還為了此事求神拜佛，但仍不見改善。這件事要在農曆十月、十一月過後，才會開始有一個明顯的機會出來。

神明親授分析祕訣

❶當你抽到這支籤詩，要知道重點在於「但看雞犬日過後」，而「雞犬」講的時間點就是十月、十一月過後（可參考第一一四頁）請注意，此處指的是「過後」，因此，為了保險起見，時間的推算應從十一月底至十二月初開始。

❷這支籤詩隱含著凶中有吉，吉中有凶，要特別注意，其原因在於歷史典故：「劉文良別妻」。

(1)典故可以分成「好」與「不好」兩方面來解：好的方面是指，雖然劉文良為了陪王昭君去番邦和親而跟新婚妻子分離，但回國後很受皇帝的讚賞；不好的方面是「劉文良別妻」隱含著即將離別的意思。

(2)如果想要把這支籤詩解得很透澈，請這樣解：關於這件事，如果你還想要再繼續下去，就要等到十月、十一月過後，屆時將會出現一個轉機；若你不想繼續下去，先不要著急，等到十月、十一月過後再來做決定，這樣會對你更好。

❸推算這支籤詩的時間點也必須要小心。

(1)假設你抽到籤詩的日期是在今年農曆的十月，那剛好還是落在十月、十一月這兩個月當中，所以時間點應是今年雞犬，並不能推算到明年雞犬。

(2)假設你抽到這支籤詩的日期是在今年農曆的十一月底了，那雞犬的時間點就應該要推算至明年的雞犬。如果要再謹慎一些，可以再擲筊請示神明，這個雞犬是在講今年的雞犬，還是明年的雞犬？如果時間點處於模糊地帶，而我們又不能很確定的話，那就讓神明來回答，這樣總是比較保險的。

❹雞跟犬在十二生肖中的排序為第十跟第十一，所以時間點才會說是十月跟十一月。要注意的是：雞、犬不能用地支的排行、意即第十跟第十一的酉跟戌來對照（地支紀月中，酉是八月，戌是九月），講八月時間點的籤詩已經有好幾支了，比如甲午、丙寅等，不需要再有那麼多支講八月的籤詩。因此，雖然十二生肖和地支同樣有十二個，只要籤詩裡面出現十二生肖，便只能用生肖排序來推算時間，不要再對照地支的月令來推算。

抽到這支籤時，你必須……

要有一個思維：先不要管這件事情的結局如何，目前最重要的是耐住性子，一切都要等到十月跟十一月後再來做決定，因為在這個時間點之前還會有變數。

第二十六籤

戊寅

呂蒙正中狀元

解籤歸納：時間點——春天（如抽籤當日未超過該年農曆3月，那就代表是今年的春天）

選出牡丹第一枝，勸君折取莫遲疑，世間若問相知處，萬事逢春正及時。

家運：家運將在立春過後開始轉強，氣氛也會趨於和緩，不必太過憂慮擔心。

本運：時運不佳的狀況將在立春過後獲得改善，若有計畫之事可在立春後好好執行。

姻緣：立春過後，已婚者婚姻中的難題能得到解決。未婚沒對象者，認識異性機會大增，可好好把握時機。未婚有對象者，能相互支持，感情穩定回升。

事業：立春過後事業會漸漸起運，目前須韜光養晦，等待時機來臨。

學業：考運在立春過後會開始轉強，若能更加努力，有機會考取不錯的成績。

健康：健康問題在立春過後可漸漸得到改善，不必太過擔心。

求子：立春過後正是求子的好時機，請好好把握。

財運：財運在立春後開始走強，如要投資、創業，立春過後再執行。

屏東萬巒宗天宮製

歷史典故

呂蒙正自幼父母雙亡，因而淪落為乞丐，但他把乞討所得都拿來買書。相國千金傾心於呂蒙正的不凡氣質和好學，選親時故意將繡球拋給了他。相國因女兒執意下嫁而將她趕出門，相國夫人則偷塞女兒百兩紋銀，讓呂蒙正進京趕考，他在中狀元後寫下《破窯賦》，感歎時運的影響。

解籤

你要問的事目前看起來好像沒有什麼成果，讓你開始懷疑自己當初的決定是否正確。你其實不需要懷疑自己，你的決定是對的，只是這件事要見成效，時間點在春天。

神明親授分析祕訣

❶呂蒙正在中狀元之前是個乞丐，中狀元後，他在《破窯賦》裡寫下這段話：「人雖有沖天之志，無運不能自通；馬雖有千里之行，無人不能自往。」這支籤詩的典故隱含時運未到之意。

❷這支籤詩的重點在「萬事逢春正及時」，逢春指「春天」，以二十四節氣的「立春」為主。意即你正進行或期待完成的事，要等到立春過後才有機會，立春前應先按兵不動，切勿著急。

❸推算時間點時要特別注意：一年有四季，一季有三個月，立春後到農曆三月底前都屬於春天，若你抽到這支籤詩的時間在這個範圍內，表示你要問或要做的事正是時候，而不是明年春天。

抽到這支籤時，你必須……

告訴自己：莫灰心，目前困境是時運未到所致；先韜光養晦，等待時運——立春過後。

第二十七籤

戊辰

武吉請姜太公改卦、胡完救文氏母女

解籤歸納：時機到，順勢而為

君爾寬心且自由，門庭清吉家無憂，
財寶自然終吉利，凡事無傷不用求。

家運：家中的運勢目前呈現向上發展，不必太過憂慮擔心。

本運：目前的運勢適合往前邁進，想做的事成功機會大。

姻緣：已婚者家庭目前穩定美滿。未婚沒有對象者，姻緣時機快到了。未婚有對象者，建議不要心猿意馬。

事業：事業運平穩，順其自然地去執行會有好的結果。

學業：心情不要太緊張，壓力不要太大，目前學業上及考運都不錯。

健康：身體如能好好調養，會恢復得很快，但也需配合醫生的治療。

求子：有機會懷孕，建議求註生娘娘賜你一個孩子，成功機率會更高。

財運：目前正財方面很順利，偏財方面不用特別強求。

屏東萬巒宗天宮製

歷史典故

姜子牙算出武吉近日可能會打死人，提醒他一切小心為上。結果武吉挑著扁擔進城時，不小心以扁擔打死一人，被判入監。武吉央求回家先安置母親再回來服刑，後得姜子牙幫助逃過此劫，最後拜姜子牙為師。

解籤

當你要問這件事情該不該做，或正在進行一件事情而抽到此籤，神明是要告訴你：心情放寬，不要讓自己陷入憂愁的情緒中，雖然你目前面臨了一些不愉快的事，但這些事最終都會化解，並且不會傷害到你。

神明親授分析祕訣

❶這支籤詩的重點在歷史典故「武吉請姜太公改卦」。武吉是一位以砍柴為生的孝子，一天經過渭水時看到姜子牙用直鉤在釣魚，就笑姜子牙這樣怎麼能夠釣到魚，姜子牙卻對武吉說：「我釣魚從不強求。倒是你，一眼紅一眼青，近日要小心，否則會打死人。」武吉回說：「我安分守己，從不跟人結怨，哪有可能會打死人？」說完便離開了。武吉進城賣柴時，肩膀上的扁擔一揮，竟不小心將人打死，當時的地方官周文王於是畫地為牢處罰武吉。武吉懇求當時的上大夫散宜生，讓他回家安置好老母親，三日後再來服刑。武吉的母親得知原委後，要武吉趕緊再去找姜子牙，她認為姜子牙既然能算到武吉會打死人，就一定能幫忙化解。姜子牙教武吉在床底下挖一個洞，洞外擺著七星燈，晚上睡在洞裡，劫數自然能化解。過了三日，周文王見武吉

沒有回來服刑，於是卜卦查看武吉人在何處，一看到卦象，周文王便歎氣說：「不用找了，武吉已經死了。」武吉在姜子牙的幫助下逃過一劫，最後拜姜子牙為師。

❷這支籤詩的另一個重點是：現在這個時機對當事人有利，若遇到麻煩，也會有貴人出現相助。

抽到這支籤時，你必須……

如果抽到這支籤詩時，你正逢一些麻煩事，建議你誠心祈求該廟的神明，神明會幫忙你的。別忘了武吉母親的判斷：「姜子牙既然能算到你會打死人，就一定能幫忙化解！」那就表示該廟的神明有辦法幫你。

戊午
籤

第二十八籤

戊午

楚霸王烏江自刎、石存孝遇李克用收為誼子

解籤歸納：個性

於今莫作此當時，虎落平陽被犬欺，世間凡事何難定，千山萬水也遲疑。

家運：目前家運較低，彼此要互相溝通並接納意見，避免再爭執，影響家庭的氛圍。

本運：運勢較低，個性方面建議多聽別人諫言，勿自恃甚高而做出錯誤決定。

姻緣：已婚及未婚有對象者勿固執己見，彼此皆應互諒互讓互愛。未婚無對象者，若有人介紹可以考慮，勿過於主觀，以免嚇到對方。

事業：本身很有能力，但對上司或下屬應多廣納建議、勿驕傲，才有助於工作推展。

學業：本身程度不錯，但若過於自信、沉溺自我，容易影響與同儕間的相處互動。

健康：身體若有病況，體力相對不如往前，別堅持要做超乎體力負荷之事，做不來的事也勿逞強，以免加劇身體狀況。

求子：以順其自然的心面對，宗教與科學應並進，可請示神明貴人醫院及醫生。

財運：投資時應多方請教專業人士後再進行，勿過於自信投入資金，小心事與願違。

屏東萬巒宗天宮製

歷史典故

劉邦與項羽爭天下時，靠著眾多謀士的幫忙，圍困項羽於垓下，致使項羽自刎於烏江。

解籤

你現在的時機不比以前，雖然能力很好，也很有才華，但是應該要認清「時不我與」的道理，若不認清現實，就算你是總經理級的人才，可能連課長的職位都很難做到，走到哪裡都有可能碰壁。

神明親授分析祕訣

❶這支籤詩重點在「於今莫作此當時，虎落平陽被犬欺」。這句話是要告訴你：此一時，彼一時，現在的時機已不像從前，應識時務者為俊傑，雖然內心仍有雄心壯志，但現實生活可能沒辦法讓你實現這個鴻鵠之志。

❷這支籤詩的另一個重點是歷史典故「楚霸王烏江別世」，是一張典型的性格籤詩。

(1)楚漢相爭是中國歷史上很有名的一場戰爭，楚霸王項羽跟漢王劉邦爭奪天下時，幾乎所有人都一面倒的看好項羽，因為項羽不僅力大無窮、兵多將廣，還是楚國貴族名門之後，號召力非常強大。相較之下，劉邦只不過是區區亭長——歷史上甚至形容他是地痞之輩，但在一片不看好的聲浪中，最後卻是劉邦戰勝項羽，成為著名的漢高祖。簡單來說，背後原因在於項羽驕傲自大、聽不進他人意見的性格所造成，這正是所謂的性格決定命運。

(2)當事情發展不順而抽到這支籤詩時，應檢討自己，是否該海納百川、集思廣益了。

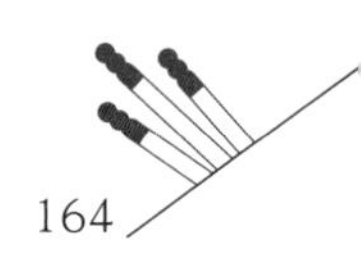

抽到這支籤時，你必須……

要注意兩件事：如果事情還沒做，建議你多集思廣益，你雖然很有能力，但應小心過於自信。如果事情已經做了或者已經發生，請徹底檢討自己的性格——性格決定命運，調整一下會對你本身比較好。

另一個重點在於時運，也就是你要做的這件事，跟你的能力、年齡、環境都搭配不起來，應慎重考慮是否該進行下去。

第二十九籤

戊申

孔子過宋入陳遇難

解籤歸納：運勢低，需等待起運

枯木可惜逢春時，如今且在暗中藏，
寬心且守風霜退，還君依舊作乾坤。

家運：目前家運低，但不用急，可請示神明何時起運並助家運順遂。

本運：運勢低落，現階段先稍微忍耐一下，可請示神明本身的起運時機點。

姻緣：已婚或未婚有對象者，現在遇到困境別心急，會有機會改善，時機點可請示神明。未婚沒對象者，可以請示出姻緣的時機點，若有人介紹或社交活動要積極參與。

事業：目前事業運低，待運勢轉強，提案或計畫有機會讓主管認同、能力獲賞識。

學業：學業成績還不盡理想，但不用擔憂，時機一到，智慧會有所開竅。

健康：身體欠安勿過度擔憂，需搭配時機點，可請示神明遇到貴人醫生的時機點。

求子：求子目前雖無法達到期待，但可請示神明時機點，時機一到還是有機會的。

財運：目前運勢低，不宜進行投資；凡事不宜進行。

屏東萬巒宗天宮製

歷史典故

孔子周遊列國來到宋朝時，宋國君對他非常欣賞，禮遇有加，卻引起宋國司馬的忌妒。司馬擔心孔子會動搖到自己在宋國的地位，於是向宋君進讒言欲陷害孔子，孔子最終在子罕等人的幫助下避走陳國。

解籤

目前的時機就好像春天裡的枯木，春天原本應該是萬物生長的時候，但你想問的事卻枯掉了。不過別擔心，枯掉並不是死掉，還是會再發芽的，只要等待這波風霜退去，這棵樹（所問之事）就會如你所願長出新芽。

神明親授分析祕訣

❶這支籤詩的重點在「枯木可惜逢春時，如今且在暗中藏」。這句話是告訴抽到籤詩的人：在這個時機點中，雖然大家都已在春天裡萌芽發展，你卻還未蛻變，心情大受影響。這表示你所問或欲做之事的時運，跟別人比較不一樣，也有一點特殊——特殊的事情需配合特殊的時機。

❷這支籤詩的另一個重點在歷史典故「孔子過宋入陳走難」，連孔子這麼有智慧的人，一生當中也難免會遇到不如意之事，隱喻抽到這支籤詩的人雖然是個有智慧的人，但很多事情還是有想不到的地方。

❸這支籤詩有另一個版本，寫成「枯木可惜『未』逢春」，如果你抽到的籤詩是這個版本，解法就單純多了！「風霜裡有枯木，要等待春天才會發芽」是正常的現象，你可以解成時機點在春

天，「未逢春」就是在等待春天——也就是「立春」——到來。若是春天裡的枯木，就沒那麼正常了，表示需要配合特殊的時機，因此，當你抽到這支籤詩時，要注意一下是哪一種版本。

抽到這支籤時，你必須……

要有一個認知：再怎麼學識淵博，再如何聰明的人，都會有運勢低的時候，先不要急，若你用的是「逢春時」版本，請再跟神明請示所問之事的時機點；若你用的是「未逢春」版本，所問之事應等到立春之時再來做。

戊戌籤

第三十籤

戊戌

張翼德戰曹操、薛丁山三請樊梨花

解籤歸納：時間點——農曆15號（如抽籤當日已超過當月15號，那就代表是下個月的15號過後）

漸漸看此月中和，過後須防未得過，改變顏色前途去，凡事必定見重勞。

家運：農曆15號過後可能因一件事影響到日後家運發展，要請示神明是什麼事。

本運：農曆15號過後會因一件事影響本身的前途發展，可請示神明該注意什麼事，防範於未然。

姻緣：農曆15號過後，已婚及未婚有對象者，避免因周遭人事物引發雙方爭吵導致失和，甚至做出遺憾決定。未婚無對象者，若親友介紹對象要謹慎觀察。

事業：農曆15號過後要注意人事紛爭，插手介入恐影響主管對你的看法及升遷。

學業：農曆15號過後，避免因心情不佳與師長、同儕間言語頂撞或衝突，而影響未來學業發展。

健康：農曆15號過後，盡量避免暴衝、動怒，這樣對身體有很大影響。

求子：農曆15號過後，建議夫妻勿因彼此想法不同起爭執，而影響求子這件事。

財運：農曆15號過後，注意合夥人之間切勿有口角紛爭，而影響買賣、投資運作。

歷史典故

趙雲從長阪坡突圍後遭大軍追趕，張飛挺身阻擋魏軍，他大吼一聲，當場嚇死了夏侯傑。

解籤

農曆十五號過後，需特別注意某件事情，此事一旦發生，很有可能會影響到前途，到時情況必定會比現在更棘手。

神明親授分析祕訣

❶這支籤詩的重點在於「漸漸看此月中和」，而「月中和」講的時間點就是農曆的十五號。

❷「月中和」的時間要怎麼推算呢？

(1)若你是在農曆八號抽到這支籤詩，「月中和」便是指當月的十五號。

(2)假設抽到這支籤詩的日期是在農曆十六號，「月中和」講的就是下個月的十五號。

❸另一個重點是歷史典故「張翼德戰曹操」，此典故指「開戰」，尤其是指人為方面的事，這件事情一旦發生，將會影響到你的前途，還會讓情況變得更加棘手，所以要特別小心留意。

抽到這支籤時，你必須……

神明既然出這支籤詩提醒你，祂們就一定知道會發生什麼事。所以，抽到這支籤詩時，建議你一定要再請示神明接下來該注意什麼事情。唯有把答案問出來，我們才能夠事先預防，避免影響到前途跟命運——問神就是要嚴謹到這種地步才可以！

第三十一籤

己丑

彭祖娶四一妻生九十子

解籤歸納：時機到，順勢而為

綠柳蒼蒼正當時，任君此去作乾坤，
花果結實無殘謝，福祿自有慶家門。

家運：家運隆昌、穩定向上發展當中，家中成員都有不錯的發展。

本運：本身的運勢不錯，如想要進行什麼事，現在正是時候。

姻緣：已婚者家庭穩定美滿和樂。未婚有對象者，這個對象可以認真的考慮。未婚無對象者，可積極參加聯誼有機會認識另一半。

事業：事業運是正強的時候，升遷大有機會，事業工作的進行，一切都可以符合心中的期待。

學業：考運正強，領悟力也不錯，如果要報考，要好好把握機會。

健康：若身體有不適，有機會遇貴人醫生得到有效治療。

求子：有機會懷孕，建議求註生娘娘賜一個孩子給你，成功機會提高。

財運：目前正財方面很順利，投資亦可，但也要懂得守成跟經營。

屏東萬巒宗天宮製

歷史典故

相傳彭祖是黃帝後代顓頊的玄孫，曾有算命師預言彭祖壽命將盡，勸他趕緊去做未完成的事。某日彭祖在犁田，忽然看到八個人經過，有人拿著枴杖，有人拿荷花，於是立刻拉住正在犁田的牛。這八個人很好奇地問彭祖：「你為何停下來？」彭祖說：「我怕濺起的汙泥會弄髒你們的衣服。」這八個人其實就是八仙，他們對彭祖的仁善很感動，於是每人送給彭祖一百歲，彭祖便多了八百歲的壽命，因為彭祖的長壽，每任妻子皆先他而死，先後共娶了四十一任妻子。

解籤

當你要問這件事情該不該做，或正在進行一件事情而抽到此籤，神明是要告訴你現在正是時候，就好像綠葉開得最茂盛之際！此事最終將能開花結果，會有很好的發展。

神明親授分析祕訣

❶重點在「綠柳蒼蒼正當時」，現在這個時機正是時候，運勢也轉強了，所問之事可以進行。

❷這支籤詩還有一個重點，當所問之事發展起來之後，要著重在守成跟經營。一個人的運勢不可能永遠都很強，如果沒有守成，等運勢走到後半階段時，就會開始損失一些東西。

抽到這支籤時，你必須……

要知道：雖然過去有一段不如意，不過你心地善良，加上時機也到了，所問之事可以正式進行了，建議可以再祈求神明助你一臂之力。

己卯籤

第三十二籤

己卯

王戩入五雷陣、龍虎交會

龍虎相交在門前，此事必定兩相連，
黃金忽然變成鐵，何用作福問神仙。

解籤歸納：目前不宜，問題重重

家運：不可輕忽家運不順的問題，可請示神明欠點是什麼，解決後才會平順。

本運：壞運纏身、諸事不順，重點在欠點，須將欠點解決後，運勢才會有所改善。

姻緣：已婚及未婚有對象者，須謹慎處理感情問題，切勿意氣用事而傷了彼此。未婚沒對象者，機會不佳，應問出原因出在哪裡以及欠點為何。

事業：事業停滯，建議向神明請示事業起運的時間點。

學業：學習上效果無法達到期待，建議問出欠點再加以解決，才有可能改善。

健康：健康問題建議要問出是什麼欠點影響，解決之後再配合貴人醫院及醫生來對症下藥。

求子：求子一直無法成功是因背後有問題影響，建議找出癥結點。

財運：投資理財不利，須釐清原因及問題並加以改善，才能預防損失。

屏東萬巒宗天宮製

歷史典故

王翦奉秦王之命征齊，當時孫臏為齊國效力，王翦以五雷陣對付孫臏。兩軍交戰後，孫臏命在旦夕，之後在師弟毛遂的幫助下大破五雷陣。

解籤

抽到這支籤詩時，表示有一個問題已經在你眼前了。這個問題跟你要問的事情一定有相關連，如果你沒有注意到，或是沒有好好處理而任由它發生，就會黃金忽然變成鐵，損失非常慘重，甚至有可能會讓你之前所有的心血都白費。到那個時候再來問神，就為時已晚了。因此，抽到這支籤詩時不可不慎重。

神明親授分析祕訣

「龍虎」代表的是一個問題，「門前」就是眼前的意思，若抽到這支籤詩，要知道重點在「龍虎」跟「門前」的涵意。問題已近在眼前，若不小心防範，短時間內即將發生問題。

抽到這支籤時，你必須……

既然這件事的嚴重性有可能讓你的所有心血白費，就一定要再繼續請示神明，問出籤詩之中的「龍虎」指的到底是什麼。

第三十三籤

己巳

明朝海瑞安南討貢封王、銅銀買紙靴

解籤歸納：個性

欲去長江水濶茫，行船把定未遭風，
戶內用心再作福，看看魚水得相逢。

家運：家運雖說順利，但家人之間如能互相鼓勵，更有助於家運提升。

本運：運勢雖然平順，但是心裡卻會徬徨，建議心要先穩定下來，事情就會慢慢的上軌道了。

姻緣：已婚者婚姻雖有一些爭吵，但最後都會順利解決。未婚者須克服心理因素，只要你的心不再惶恐、沒信心，姻緣很快就會來臨。

事業：事業運尚可，但心中沒有確切目標，不知要選哪一個做。如能先建立目標，就會慢慢漸入佳境。

學業：有能力但不知要從何念起。若能學一些讀書方法及技巧，將能更上一層樓。

健康：須正確配合專業醫學治療，切莫嘗試偏方使身體狀況更加嚴重。

求子：建議西醫檢查之後，中醫再調養身體，會有機會懷孕。

財運：對理財或投資還需多方面理解，有一定程度的理解後再進行投資。

屏東萬巒宗天宮製

歷史典故

明朝萬曆年間，張居正因與海瑞不睦，力薦海瑞前往安南國討貢，卻暗中派沈充暗殺海瑞。沈充失風被抓後，得知海瑞欲前往安南，身為安南人的沈充自願幫忙打點，好藉此將功折罪，最後幫助海瑞順利招降安南。

解籤

你現在沒有什麼目標，心情亂得就像面對白茫茫的大海一般，這樣是不行的。

抽到這支籤詩，是神明要特別提醒你的是，今天來問神之後，不要再像過去一樣漫無目標、搖擺不定，得要有堅定的意志力，多加努力地充實自己，才能夠使所問之事猶如魚得到水那般的圓滿。

神明親授分析祕訣

❶這支籤詩的重點在「欲去長江水濶茫，行船把定未遭風」。這句話是在告訴抽到籤詩的人，你現在心裡一團亂，做與不做都無法決定，但問神不能連一點想法都沒有，比如說你打算創業，不可以連要創什麼業都不知道，至少要先擬定好幾個方向再來問神——沒有方向的人往往很容易抽到這支籤詩。

❷除此之外，這支籤詩也指出：你的性格很容易遇事就慌亂，不知道怎麼辦。人生不會只遇到一個困難或麻煩，如果不向你道破個性上的弱點，將來遇到事情的時候，還是一樣會六神無主。為了讓你的未來更加順利，神明只好出這支籤詩給你：一來是為了當頭棒喝地點出你個性上的

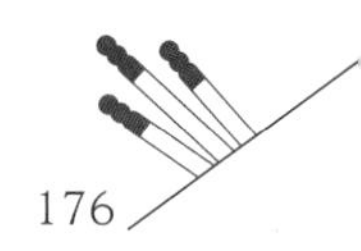

缺點，讓你加以改進；二來是要告訴你，關於你所問之事，只要有堅定的意念，就會有慢慢變好的趨勢。

抽到這支籤時，你必須……

要知道：你本身並沒有什麼太大的問題，唯一需要注意的就是你比較沒主見——要先有想法或方向，神明要幫你也比較容易見到成效。

第三十四籤

己未

朱壽昌棄官迎恩亭內尋母、曹操潼關遇馬超脫險

解籤歸納：時間點——農曆8月（如抽籤當日已超過該年8月，就代表明年8月）

危險高山行過盡，莫嫌此路有重重，
若見蘭桂漸漸發，去蛇反轉變成龍。

家運：過去家運有波折，農曆8月後會漸平順，屆時要進行的事也較圓滿順利。

本運：過去有些坎坷，農曆8月後運勢會轉強，拋開過去，樂觀積極走向未來。

姻緣：已婚者及未婚有對象者，雖然感情經歷一段坎坷，勿因這些不愉快經歷而埋怨或不滿情緒相待，農曆8月後感情關係有機會改善。未婚無對象者，農曆8月過後有機會結識另一半，要積極把握。

事業：過去事業工作曾經歷不平等對待，農曆8月過後事業運轉強，要好好把握，但切勿再沉溺過去負面情緒中。

學業：過去考運不佳讓你灰心，但農曆8月後考運漸強，更應好好把握時機努力。

健康：身體不適讓你消極鬱悶，農曆8月過後再請示貴人醫院，有機會遇得良醫對症下藥而改善。

求子：若多年求子不順，農曆8月後懷孕時機成熟，可求註生娘娘助受孕成功。

財運：若有投資或合夥，建議農曆8月後再執行，可記取失敗經驗，避免再犯。

屏東萬巒宗天宮製

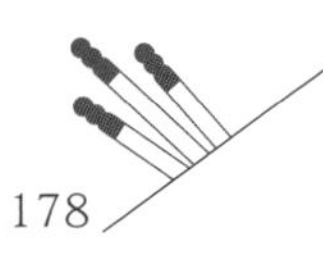

歷史典故

朱壽昌年幼時，其母因受不了大房的欺凌而離家。長大後，朱壽昌積極尋找母親的下落，甚至為了尋母而捨棄官位，終於在五十幾歲時找到了母親。

解籤

你所要問的事情，在過去確實有一些波折跟坎坷，但是沒有關係，這些不好走的路即將要走完了；神明要建議你的是：心裡面不要一直存著這些埋怨、不滿的情緒，往前看才是人生的正確態度。

到了農曆八月，你的運勢就會漸漸轉強，一旦運勢開始轉強，做什麼事情都會變得比較圓滿順遂，也就能夠達到你原本的期待了。

神明親授分析祕訣

❶當你抽到這支籤詩，要知道重點在於「若見蘭桂漸漸發」，而「蘭桂」講的時間點就是農曆的八月——八月即桂月。

❷推算時間點時請留意：

(1)假設你是在農曆的四月抽到這支籤詩，「蘭桂」講的就是今年八月。

(2)假設你是在農曆的十月抽到這支籤詩，「蘭桂」講的就是明年八月。

❸這支籤詩還有一個重點，就是「莫嫌此路有重重」這句話。這句話是神明要開導當事人：你經歷過一段坎坷不好走的路，若這些不愉快的經歷成為你一直抱怨的理由，就更容易形成你前進

的阻力——神明若不把當事人的心理先建設好，就算時機到了，當事人很有可能依然在原地踏步，這樣問神就沒有意義了。

抽到這支籤時，你必須……

把過去那一段不如意的事情忘掉，並且記取教訓，這樣才能從錯誤中學習到經驗，等到八月時運來臨的時候，才不會再犯同樣的錯誤。

同時，記得別讓自己的負面心理狀態成為絆腳石。

第三十五籤

己酉

劉關張古城相會、吳漢殺妻

此事何須用心機，前途變怪自然知，
看看此去得和合，漸漸脫出見太平。

解籤歸納：心理障礙加信心不足

家運：發展穩定，別過度憂慮所做的決策，家人之間要有互信基礎，最終會有圓滿的結果。

本運：運勢平穩，對自己要有信心，別擔心失敗；切勿人云亦云，會有意想不到的好結果。

姻緣：已婚或未婚有對象者，彼此之間要互信，切勿多疑。未婚沒對象者，對自己要有信心，建議可請示神明姻緣時機點。

事業：經歷一些波折，信心所剩不多，建議要重拾信心，最後將會有好結果。

學業：對於所學要有信心，不可因挫折而消極，再努力一點將能達到心中期待。

健康：不要因身體不適而對人生消極，要有信心會有機會痊癒。

求子：要有信心，別給自己太大的心理壓力，是有機會受孕成功的。

財運：投資最怕人說什麼就相信什麼，要三思而後行。

屏東萬巒宗天宮製

歷史典故

劉備、關羽、張飛敗給曹操後，關羽暫時投靠曹操。之後關羽過五關斬六將，前去與張飛和劉備會合，張飛卻因為關羽曾投靠曹操，對他萌生懷疑。一直到誤會解開了，三人才得以在古城相會。

解籤

當你所問之事進行得不順遂而抽到這支籤詩時，神明是要告訴你：這件事確實有很長的一段時間不如期待，讓你開始懷疑此事會不會順利、能不能圓滿，還是最終將失敗收場？這些猜疑環繞在你心中，久久無法消弭。神明要你有信心，別胡思亂想，此事最後一定能有圓滿的結局；屆時你若回想自己現在的情況，一定會覺得今天的憂慮與胡思亂想都是多餘的。

神明親授分析祕訣

❶這支籤詩的重點在「此事何須用心機」，其含意就是你對所問之事沒信心，而之所以如此，是因為此事拖了很長一段時間都沒能解決，讓你開始自我懷疑；也許還有旁人負面言語的影響，讓現階段的你感到有些害怕。因此神明要特別告訴你：不要胡思亂想，冷靜下來，這件事會有好結局。

❷這支籤詩還有一個重點，就是它的歷史典故，本籤詩的歷史典故有許多版本，而詩句和典故較接近的是「劉關張古城相會」。三國時代，劉備、關羽、張飛在一次戰役中被曹操打散，關羽暫時投靠曹操，張飛在汝南古城自立為縣令，劉備則投奔袁紹。關羽打算去找劉備，卻遇上各

關將領阻撓，關羽過五關斬六將，終於和劉備、張飛相會，然而，張飛等人誤以為關羽已經降了曹操，對他多有懷疑。所幸誤會最後還是解開了，兄弟三人也得以在古城相會。

❸抽到這支籤時，最重要的一點就是先不要胡思亂想，雖然經歷過一些波折，仍應懷著信心，最後將會有好結果。

抽到這支籤時，你必須……

要停止心裡的負面想法，這些負面想法會阻礙所問之事的進行。過去的一些經驗或許讓你害怕，但「此一時，彼一時」，時間與空間不同，結果自然也不相同——你現在應該要建立信心，只要把心理障礙排除掉，成功將是指日可待的。

第三十六籤

己亥

薛仁貴救駕

解籤歸納：時機到，順勢而為

福如東海壽如山，君爾何須歎苦難，
命內自然逢大吉，祈保分明得平安。

家運：家運雖經歷一段波折，接下來時機已到，家中亦有福報，漸趨向上發展。

本運：不順狀況已將過去且有貴人相助；應該要好好規劃未來，別受過去負面情緒的影響。

姻緣：已婚者及未婚有對象者過去感情雖然面臨困境，現將逐漸穩定，且為良好姻緣。未婚無對象者姻緣時機點已到，有機會遇貴人介紹。

事業：事業工作將有升遷機會，且會有貴人相助。

學業：雖過去學業未達到期待，也別失去信心，有機會遇良師指導，提升成績。

健康：若身體有病況，勿再沉溺於負面想法，配合醫生治療，未來將有機會痊癒。

求子：若結婚多年不孕，抽到此籤代表懷孕時機成熟，可開始準備，並求註生娘娘賜孩子會更有機會。

財運：目前正財方面會漸趨穩定，偏財方面則無需多強求。

屏東萬巒宗天宮製

歷史典故

唐太宗親征高麗時順道遊歷了附近的鳳凰山，高麗將領蘇蓋文聽聞這個消息，趁此良機率領五十萬大軍團團包圍唐太宗。薛仁貴帶著玄母娘娘賜予的寶物擊退蘇蓋文，救出唐太宗。

解籤

當你要問這件事情該不該做，或正在進行一件事情而抽到此籤，神明是要告訴你：雖然過去經歷了一段風波跟坎坷，但你命中有福也有壽，這些福報會助你遇難成祥，別再想過去那段不愉快的日子了。你遇到的困境將會慢慢的大事化小、逢凶化吉，所擔心之事也能化險為夷。

神明親授分析祕訣

❶這支籤詩的重點在「福如東海壽如山，君爾何須歎苦難」，指當事人其實很有善心，福報也夠，不管遇到什麼麻煩事，大多能化險為夷；你現在之所以會有一些哀歎，是因為過去確實遇到一些不如意的事情。一個人的福報若夠，遇難時就比較容易有貴人相助，進而否極泰來。

❷這支籤詩還有一個重點，神明在教導我們要做善事、多佈施，這些無形的財產會比有形的財產更加珍貴，不只會回報在自己身上，還能恩澤於後代子孫。

抽到這支籤時，你必須……

要耐住性子：不順的時機快過去了，接下來會有貴人出現、幫忙，注意不要讓自己專注在負面情緒上，這樣會阻礙前進的動力。

第三十七籤

庚子

蔡君謨作陳三詩、正德君戲李鳳姐

運逢得意身顯變，君爾身中皆有益，一向前途無難事，決意之中保清吉。

解籤歸納：時機到，順勢而為

家運：家運平順，可開始進行決策的事，且會有好的結果。

本運：運勢開始轉強，要好好把握時機並開始規劃要做的事。

姻緣：已婚者及未婚有對象者感情美滿、融洽。未婚無對象者，有機會結識另一半，但相處上避免過於強勢而嚇到對方。

事業：能力佳、有自信，但若能站在他人立場思考勿過於強勢，更有助事業發展。

學業：頭腦好，學業成績表現不錯，但切勿自恃甚高，才有利同儕間的人際關係。

健康：若身體不適，有機會遇得貴人醫生，建議可請示神明貴人醫院。

求子：求子時機到，可請示出貴人醫院及醫生，需配合調養，受孕機會會更高。

財運：正財穩定，投資方面會有獲利機會。

屏東萬巒宗天宮製

歷史典故

宋朝時，福州太守蔡君謨為了製造太平盛世的假象讓皇帝開心，於是命令福州一帶的百姓在元宵節燃燈七盞。一位名叫陳烈的人於是在一盞一丈多高的大燈上頭提詩：「富家一盞燈，太倉一粒粟；窮家一盞燈，父子相對哭。」逼得蔡君謨不得不收回規定。

解籤

你運勢正順，自身很有能力，很清楚自己該做些什麼，現在開始進行所問之事，較不會遇上困難和阻礙，還能得到好結果。不過，最重要的是不要過於強勢，否則容易為自己樹立敵人。

神明親授分析祕訣

❶重點在「運逢得意身顯變」，指時機正好能夠配合你的運勢，這會讓這件事進行得很順利。

❷這支籤詩還有一個重點是「君爾身中皆有益」，也就是說：你知道自己的方向，並非腦袋一片空白，完全不知道該做什麼，而這一點才是最重要的！如果時機已到，你還不知道要做什麼，再好的時機也沒有用，不是嗎？心裡面要先有個大方向，再來等待時運，才是正確的心態。

抽到這支籤時，你必須……

要注意兩件事：第一，你的運勢已開始轉強，要好好把握時機並開始規劃你要做的事。第二，當你漸有所成，記得回想未有成就時的情景，因為這支籤詩也意謂著要站在他人的立場思考，切勿太過於強勢。

第三十八籤

庚寅

蘇秦拜相

解籤歸納：時機到，順勢而為

名顯有意在中間，不需祈禱心自安，
看看早晚日過後，即時得意在中間。

家運：過去家中雖有波折不順遂，但現在時機已到，即將漸入佳境。

本運：本身的運勢正在起運當中，如想做什麼事，現在是最佳時機。

姻緣：已婚者婚姻穩定美滿。未婚沒有對象者，姻緣時機快要到了，可請示姻緣時機點。未婚有對象者，感情穩定發展。

事業：過去所付出的努力，現在有機會達到心中的期待。

學業：領悟力佳，考運也不錯，但要再充實自己，補足不足之處，更能發揮所學。

健康：身體很快會康復，但還需要細心調養。

求子：如之前求子不順，現在開始是求子的好時機。

財運：若有意進行投資，時機可，但建議仔細研究後再進行。

屏東萬巒宗天宮製

歷史典故

蘇秦雖然很有才能，但一開始帶著連橫政策去遊說六國時，卻未能受到重視，以致最後盤纏用盡，只得落魄回鄉，被眾親友瞧不起。之後他發憤苦讀，終於受人重用，佩帶六國相印。

解籤

過去這件所問之事之所以沒辦法完成，是因為進行的時機不對，現在時機到了，不但可以再試試看，也不需要像過去一樣心驚膽跳了——配合對的時機做，效果更明顯。

神明親授分析祕訣

❶重點在歷史典故「蘇秦拜相」。蘇秦在遊說六國時失敗過好幾次。後來，他找出自己的問題並加以精進，懸梁刺股、發憤圖強，最終得以佩帶六國相印，成為歷史上有名的政治家。

❷這支籤詩的另一個含意是：每個人都有註定的運勢，有高有低、有強有弱。若時機未到，就會是「蘇秦真不第」，事與願違、希望落空；等到先天時機屬於自己了，再加上後天的努力，就會變成「蘇秦拜相」，願望成真、光宗耀祖。

抽到這支籤時，你必須……

要知道現在的情形已經跟之前不一樣了：之前是時運不濟導致事事不順，現在則是時運來臨，事事較能如願，應好好把握。此外，這支籤詩也在提醒你一件事情，你有能力，但若缺少懸梁刺骨的毅力，終究只會在原地踏步。

第三十九籤

庚辰

五娘悶君思想、楊文廣被困柳州城

解籤歸納：運勢低，需等待起運

意中若問神仙路，勸爾且退望高樓，
寬心且守寬心坐，必然遇得貴人扶。

家運：家庭氣氛低迷，要多忍讓；可請示神明家運改善的時間點，會有貴人相助。

本運：切勿衝動行事，現階段多充實自己，待起運時會有貴人助你一臂之力。可請示神明起運時間點。

姻緣：已婚及未婚有對象者，容易意見不合，互退一步就會雨過天晴。未婚沒對象者不用著急，姻緣時機一到，對象很快就會出現，可請示神明姻緣時機點。

事業：現在並不是推動新計畫的時機，可請示神明執行的時間點，不要衝太快。

學業：欲速則不達，現階段適合多研究及學習；平常心面對學業及考試即可。

健康：病狀若無改善，別心急，可請示神明貴人醫院在哪，則可得到有效治療。

求子：求子時機尚未成熟，可向神明請示出時間點，並配合貴人醫院及醫生來增加成功率。

財運：理財、投資可多觀望，急於進場容易財運不佳。

屏東萬巒宗天宮製

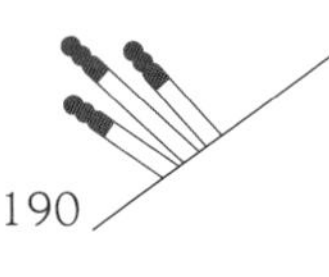

歷史典故

陳三去賞花燈時，碰上了前來問路的五娘和婢女益春，陳三和五娘一見鍾情。賞燈過後，五娘前去拜訪舅舅，陳三偷偷尾隨，將兩位姑娘的樣貌畫下來，並在留下畫作後離開。見到畫作後，五娘對陳三更加思念，卻不知如何才能見到陳三，只能不時對著畫像歎息。

解籤

現在還不是進行這件事情的好時機，請放寬心情，暫時先退一步、再觀望一下，等時機一到，自然會有貴人出現來助你一臂之力。如果你仍堅持要進行下去，結果可能會不盡理想。

神明親授分析祕訣

❶這支籤詩的重點在「勸爾且退望高樓」。這句話是告訴抽到籤詩的人：現在還不是做這件事的時機點，希望你能先忍耐一下，給自己多一點的時間。而在這段時間裡，你可以多觀察、研究、學習，待時機一到，或許你會產生不一樣的想法。

❷這支籤詩的另一個重點是，如果這件事情已經在進行當中，那就要先放慢腳步，不要衝太快；衝太快很容易跌倒，一旦跌倒，再爬起來就可能得花費一段時間。

抽到這支籤時，你必須⋯⋯

抽到這支籤詩時，也可以再深入請示神明具體的細節，包含時機在什麼時候、是不是該繼續下去等等，因為此時並不是進行所問之事的最佳時機。

王博士實境教學

有一位小姐經朋友介紹認識了一位新對象，兩人只認識一個禮拜，她特別來請示城隍爺這段姻緣是不是她的正緣。最後，城隍爺給了這位小姐兩支籤詩。

籤詩的配對　婚姻

第一支籤詩

庚辰籤　五娘悶君思想、楊文廣被困柳州城【籤詩歸納：運勢低，需等待起運】

意中若問神仙路，勸爾且退望高樓，

寬心且守寬心坐，必然遇得貴人扶。

第二支籤詩

辛巳籤　董永皇都市仙女送子、薛仁貴困白虎關父子不相逢【籤詩歸納：人為方面】P205

花開今已結成果，富貴榮華終到老，

君子小人相會合，萬事清吉莫煩惱。

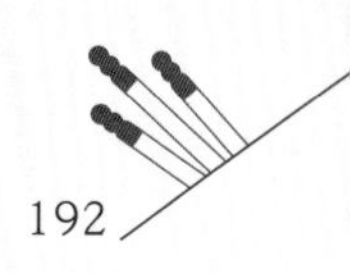

第一支籤詩是城隍爺指示這位小姐目前的姻緣時機還未到，暫時要先退一下，不要心急，接下來還會有更好的對象出現。至於城隍爺為什麼會叫這位小姐先暫時退一下呢？原因出在第二支籤詩上，君子小人相會合，歸納屬於人為方面的問題，更具體來說，這支籤詩講到對方可能還有認識「其他人」。

於是，我對這位小姐說：「以籤詩看起來，城隍爺要妳不要急，最重要的是要好好觀察對方是不是除了妳之外，還有認識其他女生，這一點妳要注意一下。」此外，城隍爺還指示這位小姐的姻緣時機是在六月，這段期間要多留意，會有更適合的人選出現，應該好好把握。

當事人回去後，發現對方還跟前女友在一起，雖然雙方之前分手了，但現階段還住在一塊兒。於是，這位小姐只跟對方保持普通朋友的關係。六月時，這位小姐的阿姨介紹一位男生給她，她再度前來請示城隍爺，也確認了這個對象是正緣沒錯，雙方現在正在交往中。

問婚姻或感情方面如果抽到辛巳籤，一定要特別注意喔！

第四十籤

庚午

郭子儀夫妻祝壽七男八女、三元會
葛其量夫妻相會

解籤歸納：時機到，順勢而為

平生富貴成祿位，君門家戶定光輝，
此中必定無損失，夫妻百歲喜相隨。

家運：家運算是穩定向上發展當中，家中成員都有不錯的發展。

本運：本身的運勢不錯，如想要進行什麼事，現在正是時候。

姻緣：已婚者家庭目前穩定美滿。未婚沒對象者，姻緣時機快要到了。未婚有對象者，正在穩定發展中。

事業：事業工作的進行一切都可以符合心中的期待。

學業：今年的考運不錯，好好把握機會。

健康：身體很快會康復，但還需要細心調養，注意不要發燒。

求子：求子時機已到，可以嘗試懷孕，或許會有意想不到的驚喜。

財運：投資會有理想的利潤，但還是要量力而為。

屏東萬巒宗天宮製

歷史典故

平定安祿山之亂的唐朝名將郭子儀適逢八十大壽，郭家七子八婿均帶著家眷返家祝壽。郭子儀之子郭曖娶了昇平公主為妻，公主自恃金枝玉葉，堅持君不拜臣，郭曖怒不可抑，動手打了公主，鬧得不可開交，一直到皇后出面調停，兩人才言歸於好，一起回家向郭子儀拜壽。

解籤

以時機來看，進行所問之事的時機已到；以命格來看的話，這件事情也很適合你去做。時機對加上命格適合，這件事你就可以考慮進行了，做了之後也不會對你造成什麼損失。此外，做這件事情的過程中，雖然會有一些阻礙，但終究能化險為夷。

神明親授分析祕訣

❶這支籤詩的重點在「平生富貴成祿位」。每個人都有他最適合做的事，以命定之數來分析的話，這件事很適合你去做，也就是說——這件事跟你相生，而非相剋。

❷這支籤詩的另一個含意是「此中必定無損失」，隱喻著這件事不會對你造成什麼損失。抽到這支籤詩時，你心中或許正擔心成效如何、做了之後會不會有反效果？所以神明才會出此籤詩，穩定並加強你的自信心；該做的事不去做，一旦失去了時機，不知道又要等到什麼時候了。

抽到這支籤時，你必須……

要知道這件事情正是進行的時機，要把握，過程中會有一些小插曲，但終能有驚無險。

第四十一籤

庚申

陳三過樓五娘益春托荔枝、王小姐為色事到禍審英台

解籤歸納：時間點——農曆10月、11月

今行到手實難推，歌歌暢飲自徘徊，
雞犬相聞消息近，婚姻夙世結成雙。

家運：家中若有合議要進行任何事，建議農曆10、11月後再決定。

本運：過去不順遂，做事較無法達到期待，農曆10、11月後會漸漸起運。

姻緣：已婚或未婚有對象者，雙方感情上出現停滯狀態，冷淡無進展，農曆10、11月後關係有望改善。未婚沒對象者，農曆10、11月後會有機會結識另一半。

事業：工作不順或有升遷、提案，10、11月進行，有機會改善及達到心中期待。

學業：面對未來學業發展，你不知如何決定，待農曆10、11月後會有想法出現。

健康：有病況應請示神明貴人醫院，農曆10、11月後有機會覓得良醫，改善狀況。

求子：農曆10、11月後有機會懷孕。

財運：若有投資或合夥，謹慎評估後，農曆10、11月月可考慮進行。

屏東萬巒宗天宮製

歷史典故

陳三見過五娘後，就千方百計想尋找她的下落。某次，陳三巧遇五娘與益春在樓前彈琴、享用荔枝，他正要前去相會，卻被一場突來的大雨打亂計畫，經過幾番波折，兩人終得相會。

解籤

你要問的事目前還沒有什麼進展，現階段很難推動。這種膠著的情況導致你不斷徘徊，不知道如何是好。先別急，等到十月、十一月，才是推動與進行的好時機，到時將更容易圓滿達成。

神明親授分析祕訣

❶ 這支籤詩的重點在於「今行到手實難推」，指你目前正處於一種停滯的狀態中。

❷「雞犬」指的是農曆十月跟十一月，所以時間點推算為十月跟十一月。

❸ 這支籤詩的時間點也要小心推算：

(1) 若你抽到這支籤詩的日期是在今年農曆的十月，剛好還處在十月、十一月當中，那麼時間點還是屬於今年，不能推算到明年雞犬。

(2) 若你抽到這支籤詩時已經是十一月中或底，表示雞犬快要過去了，要推算成明年的雞犬。

抽到這支籤時，你必須……

注意此籤指示的時機點：所問之事成功的機會很大，只是得配合時機點。一旦時機到了，關於「要不要繼續」的疑問，自然會有一個答案。

第四十二籤

庚戌

聞太師征北伐西岐、孟姜女送寒衣哭倒萬里長城

解籤歸納：欠點

一重江水一重山，誰知此去路又難，
任他解救終不過，是非終久未得安。

家運：家運問題重重是因有欠點影響，須找出欠點並解決之後，家運才會改善。

本運：本身運勢低迷不如意，在解決欠點之前一切都應暫緩。

姻緣：已婚及未婚有對象者，婚姻感情經營發生一些問題。未婚沒對象者，不是沒機會就是即便有人介紹最後也沒消息。這主要是背後有一欠點存在，建議找出欠點並加以解決，才會有所改善。

事業：事業工作有如跋山涉水般困難重重，即便轉職仍會面臨同樣困境。

學業：即便很努力用功，卻一直無法達到目標。

健康：身體欠安抽到這支籤詩，是一種「假病」，也就是欠點所造成的。

求子：欠點造成結婚多年不孕。

財運：建議解決欠點之前勿再做任何的投資理財，以免投資失利。

屏東萬巒宗天宮製

歷史典故

聞太師受商紂王的命令領兵討伐周文王，但是天命與氣數皆站在周文王這邊，造成聞太師所領的大軍節節敗退。聞太師的師父曾警告他，他一生見不得字，卻偏偏在征途中碰上「絕龍嶺」，最後，聞太師命喪絕龍嶺，商朝隨後滅亡。

解籤

你目前的情況有如拔山涉水般困難重重。這段期間可能嘗試過很多的方法，也可能拜過、求過神，但到目前為止都沒有得到任何改善。若沒有找出問題，不管時間過了多久，仍然會是非不斷，無法得到安寧。

神明親授分析祕訣

你現階段的境遇非常困苦，不論怎麼做都不如意，但是不用擔心，神明既然知道你目前的狀況非常困苦，一定也知道造成你困苦的原因是什麼。

抽到這支籤時，你必須……

神明不可能只說現況很困苦，卻沒有下文。因此，抽到這支籤詩時記得繼續請示神明，導致困境的問題點是什麼。只有找到根本問題並且加以解決，才會有開運的一天。

第四十三籤

辛丑

文舉中狀元玉真行路、偶才母子井邊相會

解籤歸納：時間點——農曆15號（如抽籤當日已超過該月15號，那就代表是下個月的15號過後）

一年作事急如飛，君爾寬心莫遲疑，貴人還在千里外，音信月中漸漸知。

家運：家運過去至今遲遲無進展，但農曆15號過後會漸漸好轉及有貴人協助。

本運：過去已經不順遂好一段時間了，現今時機已到，要做的事有機會成功。

姻緣：農曆15號過後，已婚及未婚有對象者有機會感情回溫、改善關係；未婚遲無對象者，不用過於著急，將有機會遇得親友介紹結識另一半。

事業：工作遭遇瓶頸勿過度擔心，農曆15號後會有貴人出現，將有機會迎刃而解。

學業：過去至今成績不盡理想，農曆15號過後有機會遇得良師益友給予指導。

健康：若久病無改善，勿病急亂投醫，農曆15號後，有望親朋好友介紹遇到良醫。

求子：多年不孕，不要給自己太大心理壓力，農曆15號過後受孕是有機會的，亦可尋求專業醫生協助，增加成功機率。

財運：長年投資若遲無進展，農曆15號後，有望利潤回升且遇得專業人士建議。

屏東萬巒宗天宮製

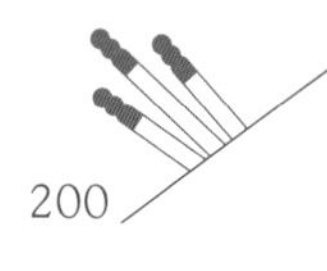

歷史典故

宋朝讀書人高文舉很受當地首富王員外賞識，並將女兒玉真嫁給了他。文舉高中狀元後，丞相硬要將女兒溫金嫁給他。高文舉寫信回家，想將王玉真一家接回京團聚，家書卻被溫金攔截，竄改為休書。文舉雖對溫金的舉止不滿，卻敢怒不敢言，最後靠著王玉真求助於包拯，才使得一家團聚。

解籤

關於你要問的事情，雖然時間已一年一年的過去，卻仍舊沒有任何進展。不過，就算過去這段時間內都沒有遇到什麼貴人，也不用太過著急與擔心，在農曆十五號過後就會開始漸漸有消息，也會慢慢有貴人出現。

神明親授分析祕訣

❶當你抽到這支籤詩，要知道重點在於「音信月中漸漸知」，而「月中」講的時間點就是農曆的十五號。

❷「月中」的時間點要怎麼推算呢？

(1)假設你是在農曆的八號抽到這支籤詩，「月中」講的就是當月的十五號。

(2)若你是在農曆十六號抽到這支籤詩，「月中」講的就是下個月的十五號。

❸這支籤詩還有一個重點，就是不要病急亂投醫。當事情已經很長一段時間都沒進展，內心難免會慌亂、六神無主，著急的心會傳達訊息給大腦，驅使人不顧一切硬做，如此一來，就容易有

一些憾事發生。所以，神明才會叫你先不要著急、擔心，時機一到便漸漸會有轉機及貴人出現，不至於一錯再錯。

抽到這支籤時，你必須……

要有信心：要成就一件事，一定得經過考驗，這件事已經不順遂好一段時間了，現在終於要否極泰來——持之以恆，堅定信念，成功離你不遠了！

辛卯籤

第四十四籤

辛卯

蕭何月下追韓信、洪益春留傘愛陳三

客到前途多得利，君爾何故兩相疑，雖是中間逢進退，月出光輝得運時。

解籤歸納：尚有波折，終將化險為夷（「月出光輝」為15日月圓之時，建議請示是哪一個月的15號）

家運：雖有波折，但可請示神明哪一個月的15號過後方可起運。

本運：本身是個有才智之人，要成就大事得歷經考驗，待時機到便能發揮長才，時機點可請示神明。

姻緣：已婚者姻緣良好，另一半很值得信任。未婚有對象者，此對象為正緣，可認真考慮。未婚無對象者，可請示神明哪一個月的15號過後會有姻緣出現。

事業：如有不順尚須忍耐，可請示神明農曆哪一個月的15號過後事業會漸漸起運。

學業：別懷疑選擇的科系或報考的類別，持續精進自己、改善弱點，能達到目標。

健康：可請示神明農曆哪一個月的15號過後會遇到貴人醫生及醫院。

求子：懷孕的時機成熟，可請示神明農曆哪一個月的15號過後最有機會。

財運：如要投資，可請示神明農曆哪一個月的15號過後再做打算。

屏東萬巒宗天宮製

歷史典故

韓信原本在項羽底下做事，因始終得不到重用轉而投靠劉邦。蕭何發現韓信很有才能，於是將他舉薦給劉邦，劉邦卻一直無意重用韓信。韓信於是趁著月夜偷偷離去，蕭何得知後，來不及稟報劉邦便快馬追趕，也因此讓劉邦注意到韓信。

解籤

當你所問之事進行得不順遂而抽到這支籤詩，神明是要告訴你：你做的決定是正確、對你有幫助的，為什麼還要懷疑自己呢？沒有錯，過程當中的確有發生一些波折，讓你開始懷疑當初所做的決定是對是錯。然而，這個決定沒有錯，等經過一些波折、時來運轉後，你的期待就可以達成了。

神明親授分析祕訣

❶這支籤詩的重點在歷史典故「蕭何月下追韓信」。

(1)楚漢相爭時，韓信一開始投奔在項羽的部隊裡，他曾多次向項羽獻計，然而項羽驕傲且剛愎自用，始終都不採納。韓信於是轉而投奔劉邦，然而，在劉邦手下的韓信仍舊沒受到重用，雖有蕭何幫忙舉薦，劉邦卻始終無動於衷。心灰意冷的韓信認為劉邦應該不會重用自己，於是在一天夜裡離開，蕭何發現後連夜把韓信追回來，再次向劉邦推薦韓信。這次劉邦終於重用了韓信，韓信也運用他在軍事上的才智和謀略，助劉邦打敗項羽。

(2)這個典故隱喻：你要問的事並非不適合你，只是還要再經歷一些波折，才會有不一樣的發

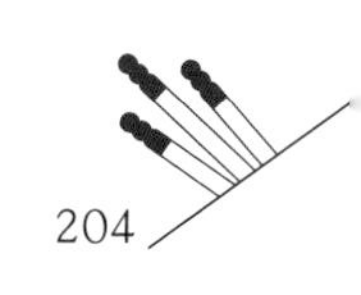

展。不要懷疑自己的決定，也不要太著急，你就像韓信一樣，是個有才智的人，待時機一到，就可以發揮長才了。

❷這支籤詩還有另一個重點在「雖是中間逢進退，月出光輝得運時」，意思是：要成就一件大事，往往不會一帆風順，得經過一番考驗。只要沉得住氣，未來就是你的了！

抽到這支籤時，你必須……

繼續請示神明時間點大概是在哪一個月的十五日附近。因為「月出光輝」可以推論為十五月圓之時，卻無法確定是哪一個月，所以要再繼續請示。

第四十五籤

辛巳

董永皇都市仙女送子、薛仁貴困白虎關父子不相逢

解籤歸納：人為方面

花開今已結成果，富貴榮華終到老，君子小人相會合，萬事清吉莫煩惱。

家運：要小心家運因人跟人之間的關係而造成衝突。

本運：多觀察及留意身邊合作、相處的對象，才能避免小人關。

姻緣：已婚及未婚有對象者，目前正面臨一段不應該的戀情，應及早回頭才不會受傷。未婚沒對象者，近期若有認識的對象，建議再多方面觀察，小心介入他人的感情。

事業：須審慎評估合作的對象或廠商是否該再繼續合作下去。

學業：小心學習狀況或考運會受同儕影響，應好好努力，並避免外在誘惑。

健康：勿聽信偏方，應配合貴人醫院及醫生的治療，才能對症下藥。

求子：小心因他人而影響你的求子成功率，應好好配合貴人醫生來增加受孕機會。

財運：投資、理財小心被騙，別被表相所迷惑，應審慎評估，切勿道聽塗説。

屏東萬巒宗天宮製

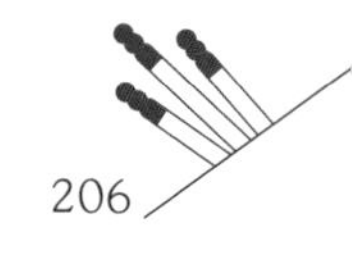

歷史典故

董永賣身葬父的孝行感動了仙女，於是偷偷下凡與董永私結良緣，玉帝得知此事後，降旨要仙女返回天庭。

董永不得已，只得與妻訣別。

解籤

你遇到了一些「人為」方面的麻煩事，接下來請務必多加注意，小心防範，才不會讓問題擴大變嚴重。

神明親授分析祕訣

❶這支籤詩的重點在歷史典故「董永皇都市仙女送子」。這典故是在告訴抽到籤詩的人：董永跟一位仙女有一段愛戀，因為玉帝的阻攔而被迫分離，董永之後高中狀元，仙女特地送回她為董永誕下的孩子。此典故隱喻著一段不正常與不應該的戀情。

❷這支籤詩另一個重點是「君子小人相會合」，指好與不好混在一起，要多加注意與判斷。此外，「花開今已結成果」代表你已經遇到這個情況了。

❸把第一點跟第二點整合起來做進一步分析與推論：

(1)若你是在問感情時抽到這支籤詩，而且你問的對象剛認識不久，代表你得對這個對象多加考慮或再做多方面的觀察，才不會使自己陷入感情的困境；若已在交往當中，代表神明要告訴你，這是一段不應該的戀情，及早回頭才不會讓自己受傷。

(2)如果在問事業或其他事時抽到這支籤詩，代表你得考慮該不該跟這個人合作，或該不該再繼續合作下去。

注意! 解籤詩時，要看神明在抽籤之前指示的配對組合，才能決定解籤方向。

抽到這支籤時，你必須……

要注意自己現在或許已被表象迷惑了，要趕緊回過神來，重新審慎觀察與評估，才不會讓自己陷入困境。

第四十六籤

辛未

狄仁傑興大唐、江中立欽賜狀元

解籤歸納：時間點——農曆15號過後
（建議請示是哪一個月的15號會較準）

功名得位與君顯，前途富貴喜安然，
若遇一輪明月照，十五團圓光滿天。

家運：家中如有不順，在農曆15號過後會有解決的機會，且有貴人相助。

本運：在農曆的15號過後本身的運勢會開始起運，貴人也會出現幫你一把。

姻緣：已婚者，若有一些爭吵，在農曆的15號過後會有解決的機會。未婚有對象者，該對象將是一個不錯人選。未婚沒有對象者，將在農曆15號過後會出現不錯的人選的機會。

事業：農曆的15號過後，在工作或事業上會慢慢出現貴人來拉你一把。

學業：考運在農曆的15號過後慢慢轉強，學業上領悟力會慢慢變強。

健康：農曆的15號過後會遇到貴人醫生，建議請示神明貴人醫院在哪。

求子：懷孕時機成熟，農曆的15號過後可以開始準備，建議求註生娘娘賜孩子會更有機會。

財運：如要投資在農曆的15號過後再做打算，正財方面呈現穩定狀態。

歷史典故

武則天篡唐後致力於剷除異己，對狄仁傑卻禮遇備至。某次，武則天夢見自己與人下棋，但始終贏不了對手，於是找來狄仁傑替自己解夢。一心想復興大唐的狄仁傑於是對武則天說：「下棋必須有『子』，武后無『子』，如何能贏？」武則天因此迎回其子李哲（也就是日後的唐中宗），重新冊立為太子。

解籤

你要問的事情其實跟你相生，並非相剋；魚幫水，水幫魚，這件事會有一個好的結局。你是一個很有才華的人，只要農曆十五號月滿的時間過後，慢慢就會有佳音出現。

神明親授分析祕訣

❶這支籤詩的重點在於「若遇一輪明月照，十五團圓光滿天」，但並沒有明白指示出是哪一個月的十五號。

❷這支籤詩沒有明確指示出時機點的原因是：神明想告訴抽到這支籤詩的人，機會其實還很多，幾乎每個月都有機會並遇到貴人，例如這個月的十五號之後有機會，但兩個月後又會有一個機會。雖然這支籤詩表示機會（十五號）很多，最好還是再請示神明，哪一個月的十五號過後才是最好的時機，讓我們可以特別注意與布局。

❸這支籤詩還有一個重點，就是歷史典故「狄仁傑興大唐」，意謂著你在這件事情上或在公司裡很有能力，扮演了一個很重要的角色。假使你在問事業的時候抽到這支籤詩，意謂著你跟公司

是相輔相成的，你可以幫助公司成長，公司也可以給你機會發揮所長——魚幫水，水幫魚，皆大歡喜。

抽到這支籤時，你必須……

要有一個思維：每一個月都會有月圓的時候，所以抽到這支籤詩時，建議你繼續請示神明，哪一個月的十五號才是真正的好時機。

王博士實境教學

有一位小姐想賣房子，但是一年過去了，不管是委託仲介賣或是是自己賣，房子始終都賣不出去。

這位小姐一直想不通問題到底出在哪裡，所以前來請示城隍爺。

城隍爺給了她三支籤詩：乙未、辛未、癸酉。

籤詩的配對 本運兼賣房子時機

第一支籤詩

乙未籤　李干戈往武當山求嗣【籤詩歸納：目前不宜，問題重重】P109

花開結子一半枯，可惜今年汝虛度，
漸漸日落西山去，勸君不用向前途。

第二支籤詩

辛未籤　狄仁傑興大唐、江中立欽賜狀元【籤詩歸納：時間點】

功名得位與君顯，前途富貴喜安然，
若遇一輪明月照，十五團圓光滿天。

第三支籤詩

癸酉籤　管子鮑叔首合、皇都市上有神仙【籤詩歸納：時機到，順勢而為】P249

有心作福莫遲疑，求名清吉正當時，
此事必能成會合，財寶自然喜相隨。

三支籤詩指示出，這位小姐今年運勢很低，低到做什麼事都猶如正要開花結果卻枯了一半，現階段賣屋，就像太陽快下山一樣沒多大的機會，而且容易吃虧。建議今年暫時不要賣房，待明年再講。第二支籤詩講到農曆十五號，而既然今年不適合，便是指明年每個月的十五號，結果，城隍爺指示明年的元宵過後將會有貴人出現，這位貴人就像第三支籤詩提到的鮑叔牙，成交機會很大。

這位小姐聽從城隍爺的指示，決定不冒險賣房，她三不五時就來城隍廟拜拜，因為在這段期間真的遇到很多不太正派的人要幫她賣房子。後來，她遇到一位覺得可以信任的買主，對方出的價錢她也很滿意，所以又來問城隍爺的意見，城隍爺指示：賣給這個人可以，但對方如果不急，最好還是等到明年一月再簽約；若對方堅持不能等，就不要勉強，明年自然還會有買主。

沒想到對方恰好願意等到明年！原來，買方因為貸款問題，想跟這位小姐談談房子能不能保留到明年再賣他，先別賣給別人。賣家是因為今年運勢低，需要等到明年再成交，買家則是明年貸款會比較方便，城隍爺這樣的安排，不是讓雙方都皆大歡喜嗎？

第四十七籤

辛酉

劉知遠邠州投軍、李三娘井邊會

解籤歸納：時間點——農曆15號（如抽籤當日已超過當月15號，那就代表是隔月的15號）

君爾何須問聖跡，
自己心中皆有益，
于今且看月中旬，
凶事脫出化成吉。

家運：家運至今沒有多大起色，但農曆15號過後將漸漸改善。

本運：運勢在農曆15號過後將趨於向上發展，再來執行要做的事會更順利。

姻緣：已婚及未婚有對象者，現階段雙方若有僵持不下之事，農曆15號過後有機會解決。未婚沒對象者，農曆15號過後要把握機會。

事業：若有轉職、創業打算，先應暫緩，農曆15號後再來思考規劃較符合時運。

學業：農曆15號過後考運漸轉強，好好努力有希望達到目標。

健康：身體若有微恙，農曆15號過後，有機會康復。

求子：農曆15號過後或許求子時機已到，也或許能比較知道問題點出在哪裡。

財運：農曆15號過後可進行投資理財，但仍要量力而為。

屏東萬巒宗天宮製

歷史典故

劉智遠與三娘成親後不久，三娘的父親即病逝，三娘的大哥大嫂立刻將他們趕出去。為了改善家中生活，劉智遠前往邠州投軍。之後，劉智遠平寇有功，風光迎回三娘，一家團聚。

解籤

關於你所問的事，其實你多少都知道該怎麼做，或心中已大概有想法，為什麼還來請示神明呢？現階段較需注意的只有，農曆的十五號過後，一些不好的事就會大事化小，有驚無險。

神明親授分析祕訣

❶當你抽到這支籤詩，要知道重點在於這句「于今且看月中旬」。

❷「月中旬」的時間要怎麼推算呢？

(1)若你是在農曆的十號抽到這支籤詩，那「月中」講的就是當月的十五號。

(2)若你是在農曆的二十五號抽到這支籤詩，那「月中」講的就是下個月的十五號。

❸另一個重點是「君爾何須問聖跡，自己心中皆有益」，指抽到這支籤詩的人，在心理層面上已有一定程度的堅持。此外，一些本身就不相信神明的人，也很容易抽到這支籤詩。

抽到這支籤時，你必須……

要有一個認知：針對所問之事，其實你心裡早已有一把尺，該不該做也都有個底了——既然已經有想法，接下來就是等十五號過後再來執行，這樣做起來會更順利。

第四十八籤

辛亥

王昭君和番、蜻蜓誤入蜘蛛網

解籤歸納：欠點

陰世作事未和同，雲遮月色正朦朧，
心中意欲前途去，只恐前途運未通。

家運：家運不順是因為有欠點影響，須找出欠點並解決之後，家運才會改善。

本運：運勢猶如被烏雲遮住，不論做任何事、如何努力，都難以達成。

姻緣：已婚及未婚有對象者，婚姻感情已面臨一段時間的困境。未婚者沒對象者，已一段時間都沒機會遇到對象。主要原因都是欠點所影響。

事業：事業即便有衝勁、有想法，恐目前運低，欠點未解決前還不宜躁進。

學業：無論如何努力，卻一直無法達到自己的期待。

健康：身體欠安抽到這支籤詩，是一種「假病」，也就是欠點所造成的。

求子：欠點造成結婚多年不孕，或有受孕但胚胎一直無法順利著床。

財運：建議解決欠點之前切勿再做任何的創業、投資、買賣，以免失利。

屏東萬巒宗天宮製

歷史典故

王昭君因不願賄賂宮廷畫師毛延壽而得罪於他，毛延壽刻意把她畫醜，致使王昭君進宮多年都無法面聖。昭君自知無法得皇上憐愛，聽說匈奴有意與漢朝和親，便自告奮勇要成為和親對象；皇帝初見王昭君驚為天人，可惜為時已晚，只得忍痛將王昭君送去和番。

解籤

目前的你正面臨一個無形的問題，使得運勢一直猶如被烏雲遮住，朦朦朧朧且不順遂，甚至到了做任何事、不論如何努力，都很難完成的地步——為什麼？因為你的運勢被這個「無形的問題」給擋住了。

神明親授分析祕訣

❶當你抽到這支籤詩，要知道重點在於「陰世」兩字，陰世代表的是一個無形的問題。它擋住了你的運勢，讓你用盡方法求突破，最後還是心有餘而力不足。

❷這支籤詩的另一個歷史典故是「蜻蜓飛入蜘蛛網」，動彈不得，只好仰天長歎。

抽到這支籤時，你必須……

當你抽到這支籤詩時，一定要問出欠點是什麼，找出問題點並加以解決，運勢通了之後，才比較不會再飛入蜘蛛網。

第四十九籤

壬子

劉備三顧茅廬、蘇小妹答佛印

解籤歸納：運勢低，需等待起運

言語雖多不可從，風雲靜處未行龍，
暗中終得明消息，君爾何須問重重。

家運：尚不宜做重大決策，也不要人云亦云跟著做。

本運：做任何事應有自己的想法並參考他方建議融會貫通，較有機會達到期待。

姻緣：已婚或未婚有對象者，勿因他人太多的想法，導致影響你的看法。未婚沒對象者，若經他人介紹，自己要有獨立思考，不要受他人影響。

事業：如有要創業、轉職，不可因旁人慫恿而進行，目前運勢低還不是時候。可請示神明進行的時機點。

學業：需有耐心、恆心，努力向學，切勿敷衍了事。

健康：需正確配合醫學治療，切莫聽信、嘗試偏方，可請示神明貴人醫院及醫生。

求子：建議請示神明貴人醫院，好好配合調養，有機會懷孕。

財運：不要盲目跟從他人建議而投資，目前尚不是時候。

屏東萬巒宗天宮製

歷史典故

劉備三次造訪臥龍岡，才見到了諸葛孔明，孔明感念劉備盛情，終於答應輔佐他得天下。

解籤

你應該要有獨立思考的能力，不要因為有人叫你去做某事，你就真的去做。目前還不是做這件事的時候，等時機到了，自然會有一些徵兆出現。既然如此，又何必急於現在知道呢？

神明親授分析祕訣

❶這支籤詩的重點在歷史典故「劉備三顧茅廬」。

(1)這典故是在說：一件事情要完成，要有耐心、恆心跟誠心，並不是敷衍一下就可以的。

(2)另一個含意是：別倚老賣老，更別認為自己比他人厲害。諸葛亮比劉備年輕二、三十歲，一般人易有「我吃過的鹽比你吃過的飯還多」的想法，但「聞道有先後，術業有專攻」，暗示當事人要有「泰山之所以高大，因不分土壤；海之所以壯大，因不分細流」的胸襟。

❷「言語雖多不可從」也是一個重點，意味著不要人家叫你做什麼，你就真的去做，也不要別人說什麼你都全相信。做人要懂得判斷，切勿見獵心喜，否則很容易誤事。

抽到這支籤時，你必須……

劉備第三次前去找諸葛亮前，有事先請人占卜，看看此行順不順利。同樣的，既然時機還未到，也可以請示神明時機在什麼時候。

第五十籤

壬寅

潘安陳姑作夫妻叫合

解籤歸納：尚有波折，終將化險為夷

佛前發誓無異心，且看前途得好音，
此物原來本是鐵，也能變化得成金。

家運：目前家運看起來多波折，須暫且忍耐，後勢將有意想不到的順利發展。

本運：運勢雖不如期待，只要有足夠的抗壓力和意志力，未來成功機會還是很大。

姻緣：已婚及未婚有對象者感情經營看似難有挽回的餘地，但實際還有復合機會。未婚無對象者要有自信，將有機會遇到新對象，建議請示神明姻緣時間點。

事業：目前工作看似無發展性、成長有限，但是只要不放棄，終能獲得成就感並得到賞識。

學業：成績表現或許不理想，但只要肯下工夫、找出學習重點，學業將突飛猛進。

健康：病況看似複雜，仍勿悲觀亂想，只要好好配合醫生，有治癒機會。

求子：求子不順讓你失去信心，只要請示出貴人醫院，有機會遇貴人醫生給予專業治療並成功受孕。

財運：創業、投資若已進行中而不如預期利潤，找出問題並改善，仍有獲利機會。

屏東萬巒宗天宮製

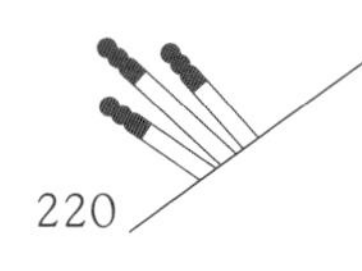

歷史典故

潘必正上京赴試途中邂逅陳姑，二人一見鍾情、私定終身。潘必正為了赴試暫別陳姑，陳姑擔心影響潘必正考試，刻意隱瞞自己懷有身孕一事。

潘必正赴試後急著趕回來，見陳姑已生下一子，以為陳姑變心，不肯相認。陳姑於是扮成賣唱藝人道出原委，誤會解開後終得一家團聚。

解籤

當你所問之事進行得不順遂而抽到這支籤詩時，神明是要告訴你：你是一位對神明很虔誠的人，依神明所查，你問的這件事並不如你想像的那麼糟，最後是會有好音訊的。

雖然這件事在你和其他人的眼中看來，好像已經沒有什麼希望，但事實上，這件事情會有扭轉乾坤的機會。

神明親授分析祕訣

❶這支籤詩的重點在「此物原來本是鐵」，這句話是在說明：關於你所問之事，外界一面倒的不看好，甚至還出現勸退你的聲音，這些輿論讓你害怕、緊張，也開始動搖你的信念。

❷雖然「此物原來本是鐵」，但別忘了下一句「也能變化得成金」，兩句話合起來解，簡單說來就是：最後的結果會跌破大家的眼鏡！一個所有人都不看好的鐵塊，最後卻變成了金塊，不就會讓大家跌破眼鏡嗎？

❸神明曾經教過我，這支籤詩還可以更深入的解釋：既然這件事情的結果會讓大家跌破眼鏡，那

在這之前必定會經歷一段人生低潮期，得面對周遭的冷嘲熱諷。你要忍得住孤獨、承受得住壓力，只要你的抗壓性跟意志力足以挺過這些波折，就會有讓人意想不到的好成就。

抽到這支籤時，你必須……

要注意兩點：第一，雖然所問之事看起來不是很樂觀，但後勢會看好，所以不要被現階段的表象所迷惑。第二，神明曾經教過我，這支籤詩如果配對在欠點部分的話，那就跟「宗教」與「神明」有關，此時，一定要再繼續請示神明欠點是什麼。

第五十一籤

壬辰

唐朝陳三藏往西天取經、宋朝趙匡胤困河東

解籤歸納：尚有波折，終將化險為夷

東西南北不堪行，前途此事正可當，
勸君把定莫煩惱，家門自有保安康。

家運：家運目前不順遂，不如預期的期待，暫且寬心等待。

本運：目前波折多、事事不如預期，建議靜心等待並充實自己，蓄勢待發。

姻緣：已婚者、未婚有對象者口角多、爭執多，彼此應互相忍讓，終能趨於穩定。未婚無對象者，假使有人介紹，要積極去認識，但是要避免説話不當而嚇到對方。

事業：事業工作有挫折，建議向主管反應請教，不要輕易放棄，找出問題就有辦法解決。勿貿然轉職，仍建議請示神明時機點。

學業：學習中總會遇挫折，建議向老師請益讀書方法、技巧，有助領悟力提升。

健康：若有病況勿消極，建議可請示神明貴人醫院，有機會遇到良醫對症下藥。

求子：若求子不順，建議可求註生娘娘幫忙並問出貴人醫院，仍有機會受孕。

財運：正財維持穩定收入就好，偏財方面不用特別求。

歷史典故

三藏奉命前往西天取經時，一路上經歷許多艱險和苦難，最終抵達西天、成功帶回了多部佛教經典。

解籤

當你所問之事進行得不順遂而抽到這支籤詩時，神明是說：目前的情況確實不順，甚至讓你有四處碰壁的感覺，但別因為這樣就認為這件事不會成功，更別因此放棄自己。

此事未來的發展並不若你想像的悲觀，只要抱持著堅定的意志力通過困境的考驗，就能迎接成功。

神明親授分析祕訣

❶這支籤詩的重點在歷史典故「唐朝陳三藏往西天取經」。三藏前往西天取經的過程，沿途受到多少磨難、誘惑與考驗，但是，他靠著堅忍不拔的毅力，最後成功到達西天，取得經文。此籤解起來很簡單：你就好比三藏，必須經歷一些波折，才能夠圓滿達成任務——只要可以堅持下去，一定會成功的。

❷這支籤詩還有另外一個重點，那就是第一句的「東西南北不堪行」，這句話代表你現在的狀況，不管往東、西、南、北哪一個方向走，都不是那麼的順利——到處碰壁。因此，神明要你以三藏取經的故事來勉勵自己，希望你不要害怕，堅持下去，雖然有考驗與誘惑，最終還是會成功的。

抽到這支籤時，你必須……

要有玄奘法師的毅力跟堅忍：玄奘到西天取經的路上經歷了非常多波折跟磨難，最後終於如願取得經文；你也要有同樣的精神，在經過波折與考驗後，一切將會化險為夷。

第五十二籤

壬午

張生別後中狀元、薛仁貴回家遇丁山

解籤歸納：心理障礙加信心不足

功名事業本由天，不須掛念意懸懸，
若問中間遲與速，風雲際會在眼前。

家運：家運即將好轉，中間稍有波折，但能化險為夷。

本運：運勢即將起運，要對自己有信心，有機會一鳴驚人。

姻緣：已婚者雖有爭執但別灰心，只要多溝通是可以改善的。未婚沒對象者要對自己有信心，未來能在眾多機會中脱穎而出。未婚有對象者，雙方感情將漸漸進入穩定發展中。

事業：雖然先前上司、長官不看好，但好好努力，之後會有不錯的表現。

學業：學業、考運再多努力，會有不錯的成績。

健康：好好配合治療，病情將獲得控制，不要擔心。

求子：求子也需配合時運，建議求註生娘娘賜你一個孩子，成功機率會更高。

財運：正財可以守住，但投資、理財，勿投機取巧。

屏東萬巒宗天宮製

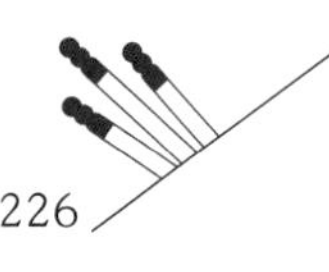

歷史典故

張生與崔鶯鶯情投意合，私定終生。之後，兩人的私情被崔老夫人發現，崔老夫人假意要求張生先取得功名，再娶崔鶯鶯，卻趁著張生進京趕考時，將崔鶯鶯嫁給侄兒鄭恒。幸好張生高中狀元後及時趕回，如願娶回崔鶯鶯。

解籤

當你所問之事進行得不順遂而抽到了這支籤詩時，神明是要告訴你：此事的發展有一部分是註定的，別太過掛念，也不用過於擔心。雖然目前的情況看似十分凶險，好像一切都不利於你，但神明要告訴你，化險為夷的時間就快到了，屆時將會有一個好結果。

神明親授分析祕訣

這支籤詩的重點在歷史典故「張生別後中狀元」。

(1)張生跟崔鶯鶯可說是好事多磨，張生因為太過思念崔鶯鶯而病倒，崔鶯鶯於是派紅娘前去探望，兩人在紅娘的幫助下私訂終身。崔老夫人發現後很生氣，無奈事情已無法挽回，便叫張生進京考試，求取功名；張生於半年後高中狀元。崔老夫人卻趁張生不在時，想把崔鶯鶯嫁給原本的未婚夫——自己的侄兒鄭恒，幸好張生及時趕回來，迎娶了崔鶯鶯，成就一段美好姻緣。

(2)這歷史典故在隱喻著幾個重點：

• 此事還需要一些時間，短時間內不會順利完成。

- 張生離開崔鶯鶯後高中狀元，才得以修成正果，這表示你必須記取經驗，下功夫精進自己，先做出一番成績來。當你改變了自己在他人眼中的形象之後，說的話或是所做的事自然會比較有說服力。
- 這典故也在提醒當事人不要衝動，別以為先做了再說——張生跟崔鶯鶯雖私定終生，最後還是被崔老夫人給發現了。所以，事情還是要循著正道進行，才能走得安穩。

抽到這支籤時，你必須……

要有天助自助的心態：與其自怨自艾，倒不如自己發憤圖強。這支籤詩意謂著在他人都不看好的情況下，還是有機會一鳴驚人的——前提是要有自信心，否則將只能原地踏步。

第五十三籤

壬申

劉元普雙生貴子、蘇秦夫妻相會

解籤歸納：時機到，順勢而為

看君來問心中事，積善之家慶有餘，
運亨財子雙雙至，指日喜氣溢門閭。

家運：家運因祖上有德，凡事都能順利發展，如遇災難也能因祖德而遇難呈祥。

本運：祖上有德、本身也有行善積德，目前運勢可說是有上天的庇佑。如想做什麼事，現在是最佳時機。

姻緣：因你內心善良、有福報，所以家庭美滿。未婚有對象者，此對象是不錯的人選。未婚沒對象者，姻緣時機也快到了。建議請示神明準確的姻緣時機。

事業：事業運是正強的時候，升遷大有機會，如想擴廠也可以選在這個時候。

學業：考運正強，領悟力也不錯，如果要報考，可以把握當下。

健康：如果身體現階段有微恙，過不了多久即將痊癒。

求子：現在正是懷孕的時機，建議點香向祖先祈求讓你順利懷孕，成功機會更高。

財運：正財會有加薪的機會，投資也會有不錯的利潤回收。

屏東萬巒宗天宮製

歷史典故

劉元普是宋朝人士，平日多有善行，可惜年近七十仍未有子嗣。李克讓臨終前託劉元普照顧家人，劉元普信守承諾，還助李克讓之子李彥青娶得媳婦。李彥青成親當晚，劉元普夢見神人告訴他，將賜他兩子感謝他對家人的照顧，劉元普之後果然連得兩子。

解籤

當你要問這件事情該不該做，或正在進行一件事情而抽到此籤，神明是要告訴你：你是一位心地善良的人，也做過不少的好事，所以不用太擔心你要問的事，你過去累積的福報會庇蔭著你，願望達成也將指日可待。

神明親授分析祕訣

❶這支籤詩的重點在歷史典故「劉元普雙生貴子」。劉元普平日就做了很多的善事，唯一遺憾的是跟妻子結婚多年，年近七十仍沒有自己的孩子。一年，錢塘縣尹李克讓身染重病，臨終前將妻子張氏與兒子李彥青託付給完全沒有交情的劉元普，而劉元普也一口答應幫忙照顧。之後，劉元普從中牽線，讓李彥青跟一位賣身葬父的孝女裴蘭孫成親。就在兩人成親當晚，劉元普夢到兩位神人告訴他，很感謝他對李克讓一家的安排，他的壽命將會高達百歲，還會賜他貴子兩名。後來，劉元普果真生了兩個兒子，取名劉文、劉武，兩人後來都高中狀元，至於劉元普，也真的活到百歲，無疾而善終。

❷這支籤詩的另一個含意是「積善之家慶有餘」，隱喻著你像劉元普一樣做了不少善事、累積了

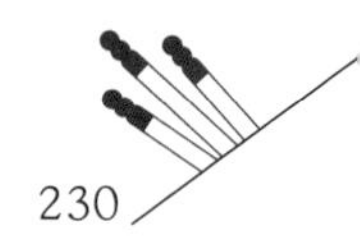

福報，所以所問之事不只有神明幫助，也有上天的庇蔭。舉頭三尺有神明，平日多做善事，等到需要時，終會有迴向的一天。

抽到這支籤時，你必須……

要知道平時多做善事確實是有幫助的：正因為你的時機已經來臨，而神明也知道你是一個很有善心的人，所問之事會有很好的發展，上天也會幫忙你。

壬戌

籤

第五十四籤

壬戌

王月英相國寺誤佳期

孤燈寂寂夜沉沉，萬事清吉萬事成，
若逢陰中有善果，燒得好香達神明。

解籤歸納：運勢低，需等待起運

家運：目前家運低迷，建議不宜進行做任何更動，平時多行善事有助家運提升。

本運：運勢低迷，暫且不宜做任何決定，可請示神明起運的時機點，如能再行善積德，對運勢的提升會更有幫助。

姻緣：已婚或未婚有對象者，感情多阻力、磨難，只要挺過這段低潮期，不久後關係將會漸漸融洽。未婚沒對象者，可請示姻緣時機點。

事業：目前尚不是調動職務或轉職的時機，任何變動及決定，建議請示神明何時進行較恰當。

學業：目前考運尚未起運，但仍尚須努力精進，亦可求神明助你一臂之力。

健康：身體狀況尚不佳，應放寬心情好好調養、要有自信心，建議問出貴人醫院，並配合治療有機會改善。

求子：機率較低，但可求註生娘娘幫忙，並請示貴人醫院及醫生，還是有機會的。

財運：若有投資或合夥，時機不對，先不要進行。

屏東萬巒宗天宮製

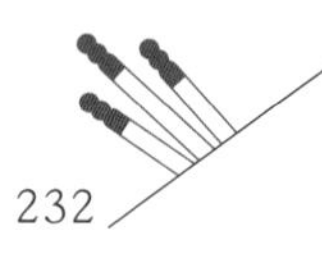

歷史典故

王月英跟郭華郎原本是天庭的金童玉女，金童在天庭的宴會上不慎摔破酒杯，為了寬解金童的驚慌，玉女銜著他一笑。

沒想到這一笑卻引起玉帝的誤會，以為兩人動了凡念，於是將兩人貶入凡間，讓他們苦苦相戀七世卻不得結合，到了最後一世才終成眷屬。

解籤

這支籤詩是要指示抽到籤詩的人，你目前的運勢就好像一盞孤燈，當中的燈火將滅未滅，雖然不會馬上發生一些問題，仍然要謹慎以對。

除此之外，如果平時能夠多做一些善事，累積一些陰德，那麼，神明也比較能夠幫助你達成願望。

神明親授分析祕訣

這支籤詩的重點在歷史典故「王月英相國寺誤佳期」。

(1)王月英跟郭華郎是七世夫妻的第三世，暗喻這件事情註定要經歷一些磨難，才能圓滿達成。然而，歷史典故講的雖然是七世夫妻的坎坷，但是絕對不能比喻成這件事在這輩子不可能成功，而是要經歷一些不好走的路才會順利。

(2)這典故的另一個含意是：如果這件事已經做了，那就稍微忍耐一下，你目前的狀況就像孤軍奮戰般辛苦，需咬緊牙關，只要能挺過這段低潮期，就可以海闊天空。

(3)如果這件事你還在評估當中，尚未進行，那就要考慮清楚，可再請示神明該不該做或換個方向做，這樣才不會耽誤時間。

抽到這支籤時，你必須……

你要問的這件事會經歷一些波折，同時，也建議你要再問神明該不該繼續做下去，這樣才會讓自己有一個明確的答案。

第五十五籤

癸丑

朱買臣負薪、郭華郎醉酒誤佳期

解籤歸納：運勢低，需等待起運

須知進退總虛言，看看發暗未必全，
珠玉深藏還未變，心中但得枉徒然。

家運：若家中合議要變動任何事，先且慢，應請示神明何時進行較適當。

本運：目前運勢低的緣故，不是自身條件不如人，只要肯努力下功夫，成功便指日可待。

姻緣：已婚、未婚有對象者別太過苛求對方的缺點，應看彼此的優點，才有利於感情穩定。未婚無對象者，可請示神明姻緣時機點，但內在條件應重於外表。

事業：事業工作上如果遭受同事的冷語對待，不可以因此而失志，只要努力終會獲得上司肯定。

學業：勤能補拙，再努力一點，加上時運一到，進步速度會很快。

健康：建議請示神明貴人醫院及何時能找到貴人醫生改善狀況。

求子：建議問出貴人醫院，需好好配合醫生調養，還是有機會懷孕的。

財運：投資方面今年建議要保守一點。

屏東萬巒宗天宮製

歷史典故

朱買臣家裡很窮困，愛讀書的他平時靠賣柴維生，常在背薪柴時大聲背書。他的妻子最後也因為受不了苦日子而求去，雖然如此，朱買臣仍日夜苦讀，最後受漢武帝賞識得了官職。

解籤

所問之事應暫緩，你目前運勢黯淡，像塊美玉未經雕琢，繼續下去會徒勞無功。

神明親授分析祕訣

❶這支籤詩的重點在「珠玉深藏還未變」，神明要告訴抽到此籤的人：你就像是一塊璞玉，需要經過琢磨與雕刻，只要能經一番寒徹骨，便得梅花撲鼻香——經過現實的淬鍊，心智上才會比他人更加成熟。

❷這支籤詩的另一個重點在歷史典故「朱買臣負薪」。

(1)朱買臣是漢朝人士，雖然資質不是很好，卻很用功讀書。有一天，他挑著上山砍的柴去市場賣，一路上邊賣邊大聲背書，他妻子看到這種情景，覺得很丟人，再加上家中經濟不好，無法再忍受這種苦日子，最後離開了朱買臣。妻子離開後，他一樣持之以恆的苦讀，終於成為一名很有才學的人，漢武帝後來還聘他當官。朱買臣之妻看到前夫出人頭地當了大官，想回到他身邊，朱買臣便拿一盆水往地上一潑，並對前妻說：「如果妳能把潑在地上的水再放回盆子裡，我就答應讓妳回來。」這也是「覆水難收」的典故由來。

(2)這典故是在隱喻抽到這支籤詩的人，在事業、感情、婚姻或是運勢上，你雖然遭受一些歧

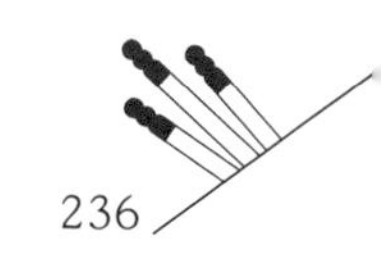

視與不平等對待，但千萬不要喪失鬥志，這些冷言冷語正是造就你成就大事的基石——只是現在時機還未到而已。你目前的條件雖然不如他人，但勤能補拙；雖然目前的經濟狀況並不理想，不過志能凌雲——只要能持之恆堅持下去，成功便指日可待。

抽到這支籤時，你必須……

要注意兩個方向：第一，人沒有十全十美的，總會有缺點，因此勿以貌取人（未成功前的朱買臣）。第二，時機未到，先不要執行，這樣不但不易成功，也很容易在過程中出現阻礙。

第五十六籤

癸卯

武則天篡唐、楊戩得病在西軒

病中若得苦心勞，到底完全總未遭，
去後不須回頭問，心中事務盡消磨。

解籤歸納：心理障礙加信心不足

家運：勿因過去家運低落導致消極憂悶，應積極面對勇往邁進，家運會平穩回升。

本運：過去的低潮讓自己失去信心，應揮別過去、改變心態，仍非常有機會成功。

姻緣：已婚及未婚有對象者，切勿再想到對方過去犯下的錯誤，讓自己陷入痛苦泥沼，應往前看才能有未來。未婚無對象者，不要因過去感情挫折而不願嘗試新戀情，只要敞開心門，將能迎接不一樣姻緣。

事業：勿因創業失敗、工作受挫或失業等導致意志消沉，應重新檢視自己，改善缺點，將會有更好的發展機會。

學業：勿因過去的考試失敗經驗給自己更大的壓力，建議調整學習方法或向師長請益，仍有機會考取理想學校。

健康：勿因恐懼害怕而拖延病況，好好配合醫生，有治癒機會。

求子：勿讓求子失敗經驗影響身心，應調適心情、保持最佳狀態，才有機會受孕。

財運：投資、理財等應循正當管道進行，勿走旁門左道，才能長久。

屏東萬巒宗天宮製

歷史典故

武則天原是唐太宗的妃子，太宗駕崩後，與武則天早有私情的太子卻在接任皇位後立武則天為皇后，從此以後，武則天逐步掌握朝政，成為中國歷史上第一位女皇帝。

解籤

當你所問之事進行得不順遂而抽到這支籤詩，是要特別提醒你：你過去也許發生過什麼事，這個疙瘩一直在你心裡，導致你非常痛苦、鬱悶，幾乎快要生病了。神明要告訴你，過去的事已經過去了，如果無法忘記，一直讓自己卡在那邊，光明的未來仍會離你很遠。你應該要振作自己，積極往前看，而非頻頻回頭，如此你心中的鬱悶才會消失，只要鬱悶消失，你就能看到未來的道路。

神明親授分析祕訣

❶這支籤詩的重點在歷史典故「武則天篡唐」。

(1)武則天本是唐太宗宮裡的才人，太宗死後，武則天便按當時宮廷的規矩被送進尼姑庵。唐高宗在當太子時就看上武則天，他當上皇帝後，便前往尼姑庵把武則天接出來，又廢了當時的王皇后，改立武則天為后。之後，武則天大權在握，不只剷除異己，也廢掉了自己的兒子——唐中宗與唐睿宗，逐步掌控朝政，成為中國歷史上第一位女皇帝，立國號為周。

(2)這歷史典故在隱喻著一個重點：這件讓你痛苦鬱悶的事，很可能牽涉到一段不正常的關係，或者走到不正常的管道。為什麼呢？因為武則天原是唐太宗的妃子，唐高宗繼位後，卻跟父親的姬妾在一起，就某種程度而言也算是亂倫；神明是在藉由籤詩提醒你得走正道，千萬不要選擇旁門左道，還要慈悲為懷，不要過於殘酷無情。

❷籤詩中的「病中若得苦心勞，到底完全總未遭」隱喻著：你心中痛苦鬱悶，一直走不出去，簡直快要生病了，所以神明才會說：「去後不須回頭問，心中事務盡消磨。」要先放下，才能夠走出來，也才會有新的未來，所以不要緊張，調適好自己的心情，接下來一切都會好轉。

抽到這支籤時，你必須……

要注意一件事：有一個心病長久以來阻礙著你往前走，如果再不將之去除，將會影響到你未來的人生——以前擔心害怕的事情已經過去，你應該要抬頭挺胸，昂首闊步的往前邁進。

王博士實境教學

一位先生的媽媽因為某些疾病而需要開刀，但她卻一直很排斥手術，至今都不願答應。這位先生擔心繼續拖下去會讓母親的身體狀況更加惡化，於是前來請城隍爺指點迷津。老實說，遇到這種狀況也只能問：他媽媽排斥開刀的原因在哪裡？就醫生的說法看來，手術已經勢在必行，只是不知道該如何讓他媽媽接受。果然，城隍爺出了兩支籤詩，要說明他媽媽排斥開刀的原因。

籤詩的配對 家運兼身體

第一支籤詩

己酉籤　劉關張古城相會、吳漢殺妻【籤詩歸納：心理障礙加信心不足】P180

此事何須用心機，前途變怪自然知，
看看此去得和合，漸漸脫出見太平。

第二支籤詩

癸卯籤　武則天篡唐、楊戬得病在西軒【籤詩歸納：心理障礙加信心不足】

病中若得苦心勞，到底完全總未遭，
去後不須回頭問，心中事務盡消磨。

第三支籤詩

己亥籤　薛仁貴救駕【籤詩歸納：時機到，順勢而為】P183

福如東海壽如山，君爾何須歎苦難，
命內自然逢大吉，祈保分明得平安。

一看完這三支籤詩，我不禁點頭讚歎城隍爺的神威。

第一支籤詩講到，這位先生的媽媽只要聽到開刀這兩個字就會開始胡思亂想，而且全都是負面思考，例如開刀後會不會順利？會不會進了開刀房之後就出不來了等等——這就是他媽媽排斥開刀的原因之一。

第二支籤詩就有點奇怪了！這支籤詩指出，過去曾發生過某件事，才會造成第一支籤詩提到的負面想法。再者，抽籤配對是家運兼身體，難道這個陰影是來自家裡？於是我問這位先生：「家中過去發生過什麼事嗎？不然第二支籤詩不會說你媽媽心裡的陰影來自家裡。」原來，這位先生的爸爸去年也因同樣的疾病開刀，但開刀後不久就往生了，導致他媽媽無法信任手術。

城隍爺真的很懂人心，知道他媽媽的恐懼，因此第三支籤詩就是要跟他媽媽講：每個人的命運不同，依城隍爺所查，他媽媽的命格當中既有福也有壽，別再回想過去那段不愉快的經歷，這次開刀的結果跟他爸爸不一樣，將會平安順利。

這位先生聽完我的解籤後，很驚訝的告訴我：「王老師，原來籤詩還可以看出一個人的心裡是不是有陰影，真的太神奇了！謝謝您，王老師，我馬上回去跟我媽媽講。」

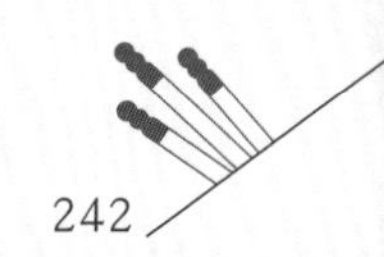

也許是城隍爺的籤詩說中他媽媽內心最擔憂之處，他媽媽竟改變了原先排斥手術的想法，終於點頭接受開刀的建議。這位先生的媽媽開了刀，身體也順利復元後，母子兩人便一起到梓官城隍廟，誠心上香感謝城隍爺保佑，讓這次的手術這麼順利。當他們要回去時，這位媽媽忽然握住我的手說：「王老師，我先生的事情給我的打擊很大，如果沒有城隍爺的籤詩，說實在的，我早就決定不開刀了！神明的籤詩真的講到我的內心深處，謝謝您，王老師。」

在幫忙問事時，要記住一個重點：當一個人有了「心病」，神明所賜之籤詩上的金玉良言或許就是最好的藥引。

第五十七籤

癸巳

李三娘井邊遇子尋夫

勸君把定心莫虛，前途清吉喜安然，
到底中間無大事，又遇神仙守安居。

解籤歸納：時機到，順勢而為

家運：家運平順，不用過度擔憂，且背後都有神明保佑家中人丁平安順遂。

本運：如想做什麼事，現在是最佳時機，妥善規劃可達成心中期待之事，可貴的是背後還有神明相助。

姻緣：已婚者及未婚有對象者，婚姻感情能美滿順利。未婚無對象者，可求神明幫忙牽姻緣線以及請示姻緣時機點。

事業：事業運平穩，多能達到心中期待；如有要創業，亦可在此時著手進行，皆有神明暗中庇佑。

學業：如有挫折，不可因而失去信心，再認真一點，便能達到心中期待。

健康：如果身體現階段有微恙，過不了多久即將痊癒。

求子：求子時機已到，有機會懷孕，建議可再向神明祈求讓你求子能更順利。

財運：正財會有穩定的收入，投資方面亦可進行，但須量力而為。

屏東萬巒宗天宮製

歷史典故

李三娘是劉智遠的妻子，兩人成親後不久，劉智遠便從軍去了。李三娘生子之後，因為生活困苦、難以為繼，只好託人將兒子帶去太原，交給遠在他鄉的劉智遠撫養。

十六年後，李三娘之子為了追一隻兔子來到井邊，正好遇到同在井邊的李三娘，母子倆終於重逢，李三娘也因此得以和劉智遠相會。

解籤

當你要問這件事情該不該做，或正在進行一件事情而抽到此籤，神明是要告訴你：要堅定意志，拋開恐懼，你要做的這件事情將會有好的發展，進行的過程中也不會有太大的事情發生，更難能可貴的是，你背後還有神明暗中幫忙。

神明親授分析祕訣

這支籤詩的重點在歷史典故「李三娘井邊遇子尋夫」。

(1)李三娘是劉智遠的妻子，劉智遠原本是一位流浪漢。兩人才剛結婚沒多久，李三娘的爸爸就去世了，家產也被獨子李升跟妻子馮氏霸占，李三娘跟劉智遠被趕出去住茅屋。後來，劉致遠從軍去了，獨自留下住在茅屋的李三娘。當時李三娘懷有身孕，生活非常困苦，孩子要生了卻沒有剪刀，只好自己咬斷臍帶，因此將孩子命名為「咬臍郎」。因為生活困苦，李三娘只得託人把咬臍郎帶去太原，交給劉智遠撫養。十六年後，咬臍郎長大了，有一天為了追一隻小白兔，來到了一口井邊，看見井邊有一位婦人，正是李三娘。相隔了十六年，李三娘終於見到了自己的兒子，也跟丈夫劉智遠重逢。

(2)這典故意謂著時機已經到來，過去因為時間與空間的關係致使所問之事無法完成，現在的時機跟之前完全不同，是該好好規劃的時候了！而且你的背後還有神明相助，這件事的後續發展將會非常樂觀。

抽到這支籤時，你必須……

要有咬牙撐過此次難關的毅力：雖然這個困境讓你有點想要放棄，但只要再堅持一下，時機就會來臨，此外，背後還有神明會幫忙你。

癸未籤

第五十八籤

未癸

漢高祖茫蕩山斬蛇、白蛇精詐言往南海遇漢文

蛇身意欲變成龍，只恐命內運未通，久病且作寬心坐，言語雖多不可從。

解籤歸納：運勢低，需等待起運

家運：家運面臨低潮，勿因他人言語挑撥而影響到家人間的相處。

本運：運勢尚未起運，容易耳根子輕，應多做判斷。可向神明請示起運時間點。

姻緣：已婚及未婚有對象者，別被他人言語影響到彼此感情。未婚沒對象者，若有人介紹也需多做判斷及評估，小心因對方的花言巧語而被騙。

事業：別人的話勿照單全收，以避免被騙。若有計畫要執行，須三思是否可行。

學業：學業、考運較低，要釐清自己的方向，別因他人建議而選錯方向。

健康：切勿心浮氣躁，病急亂投醫、亂吃偏方。建議問出你的貴人醫院及醫生來配合治療。

求子：時機未成熟，建議問出貴人醫院及醫生，將能加受孕機率，勿道聽塗說。

財運：財運不佳，勿亂聽小道消息而衝動投資。

屏東萬巒宗天宮製

歷史典故

劉邦早年為泗水亭亭長，某次押解人犯修築始皇陵時，不小心讓幾名罪犯逃跑了，他自忖難逃讓人犯逃跑之罪，索性放走所有人犯，帶著部下隱匿於芒蕩山中。一天夜裡，劉邦遇到一條大蛇擋道，他面不改色的將大蛇劈成兩半，因此得到眾人的敬重，為之後起義反秦奠定了基礎。

解籤

雖然你一直很努力、很有上進心，也一直想盡辦法要自我突破，但是不知怎麼搞的，就是無法達到自己的期待。這是因為你現在的運勢比較低迷，等到運勢通順了，所問之事自然就會有轉圜的餘地。現階段的你很可能心急如焚，但請不要急躁，先放鬆心情等待時運到來。

要注意的是，在這段心浮氣躁的期間，是最無奈也最容易衝動的，此時若有人建議你做什麼或朝哪個方向做，一定要先判斷是否該做，如果不確定的話，建議你還是請示一下神明，以免發生遺憾的事。

神明親授分析祕訣

(1)這支籤詩的重點在歷史典故「漢高祖芒蕩山斬蛇」。漢高祖劉邦在芒蕩山斬蛇，其實是為了要取信他人而說的謊言，所以籤詩提醒當事者：人生遇到挫折時，心理狀況最為脆弱，也難免會遇到不好的人、事、物，這時千萬要冷靜，不要在這個時候被騙了。如果不知道該不該做，可以進一步請示神明，這樣也比較保險。

(2)如果這件事你還在評估當中而還沒做，那就先暫緩，既然神明都說你運勢還未通順，等通

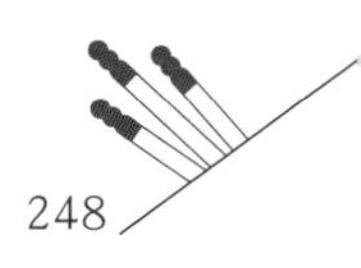

順後再做豈不是比較安全？抽籤詩的好處就是可以了解神明真正的意思，不會有人為因素的介入，如此一來，被騙的機會自然會大大減少。

抽到這支籤時，你必須……

要知道：縱然有雄心壯志想完成一件事，還是要看時運。此時最糟的莫過於偏聽偏信，因為人在慌亂時最容易失去判斷力；所以應先思考，然後等待時機。

至於時機在何時，可以請示神明。

第五十九籤

癸酉

管子鮑叔首合、皇都市上有神仙

解籤歸納：時機到，順勢而為

有心作福莫遲疑，求名清吉正當時，
此事必能成會合，財寶自然喜相隨。

家運：往上發展當中，家中成員也會彼此互相體諒，一團和氣的氛圍。

本運：本身的運勢正在起運當中，接下來會遇到生命中難得的貴人。

姻緣：已婚者婚姻穩定美滿，另一半也對你很好。未婚沒有對象者，姻緣時機快要到了，有機會遇到對你很好的人。未婚有對象者，這個對象是正緣。

事業：如要創業，可找到志同道合的合夥人，或遇到慧眼識英雄的主管或老闆。

學業：學業持續進步、考運正強；想報考也可選在此時，有機會考到理想的學校。

健康：因你即將遇到或已經遇到貴人醫生，身體再過一星期會漸漸康復。

求子：若結婚多年不孕，抽到此籤代表求子時機已到，需有貴人醫生幫助。建議請示神明你的貴人醫院及醫生。

財運：正財有穩定的收入，甚至在過不久之後會遇到可以一起投資的貴人。

屏東萬巒宗天宮製

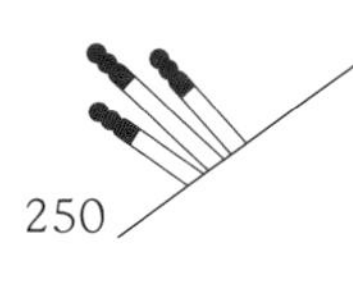

歷史典故

管仲曾和鮑叔牙一起做生意，即使管仲每次分紅都拿的比鮑叔牙多，也曾多次做官被免職、上戰場還棄甲脫逃，但鮑叔牙從未責怪過他，堅信管仲只是時運未到。之後，鮑叔牙向齊桓公舉薦管仲，管仲終得發揮長才。

解籤

當你要問這件事情該不該做，或正在進行一件事情而抽到此籤時，神明是要告訴你：如果你真的有心想做這件事，就要趁現在開始進行；要有信心，不要自我懷疑，這件事最後將會有不錯的發展，你心中所預設的目標大多能達成。

神明親授分析祕訣

❶ 這支籤詩的重點在歷史典故「管子鮑叔首合」。

(1)「生我者父母，知我者鮑叔牙也」是管仲對鮑叔牙的評論。管仲與鮑叔牙曾一起做生意，每次分經商所得之時，管仲分給自己的都比鮑叔牙多，鮑叔牙卻不以為意，反而站在管仲的立場上為他著想。管仲因此說：「我曾經為鮑叔牙出謀劃策，不但沒幫上忙，還害他陷入困境，他不但沒有生氣，反倒安慰我是時運不順罷了；我當過官，卻被國君驅逐，可是鮑叔牙不認為我不成器，只說我沒有遇到好時機；我曾在打仗時逃跑，鮑叔牙不認為我膽小，卻說我家裡有老母需要奉養，真是生我者父母，知我者鮑叔牙也。」

(2)這典故意謂著一件事情要成功，需要天時、地利、人合三者配合。現在正是三者配合起來的好時機，如果真的有心想要做這件事，就要趁現在。此外，能遇到如此體諒你的人，實屬難能可貴，應時時心懷感激。

❷如果這支籤詩是配對在婚姻上的話，那就表示這是一個正緣，應該好好把握。

抽到這支籤時，你必須……

要把握現在這個時機，對你的命格來說，現在這個時機是最適合你的——不管是貴人、時機，還是所問之事的發展性，這支籤詩都說明了：未來是很樂觀的。

癸亥籤

第六十籤

癸亥

商路中三元、薛剛踢死太子驚崩聖駕

月出光輝本清吉，浮雲總是蔽陰色，
戶內用心再作福，當官分理便有益。

解籤歸納：尚有波折，終將化險為夷

家運：家運持平，只是家人間容易有些口角，建議不要出現犀利或刺激的語言。

本運：運勢平穩，可進行要做的計畫，不要被周遭瑣碎煩心之事所影響。

姻緣：已婚或未婚有對象者，相處及溝通上多鼓勵與感恩，會使感情穩定加溫。未婚無對象者，若能減少猜疑及負面思維，改善此狀況的機會就來了。

事業：目前的工作很適合你，若能再時時充實自己、增加專業技能，面對任何工作的挑戰，更能得心應手。

學業：本身資質不錯，如果能再加強較弱的科目，有機會考上理想學校。

健康：耐心養病好好調養身體，不要太悲觀，有機會痊癒。

求子：失敗多次造成信心不足，勿給自己過大壓力，建議請示出貴人醫院，還是有機會懷孕的。

財運：若要投資理財，最好要下功夫研究或請教專業人士，有機會獲得利潤。

屏東萬巒宗天宮製

歷史典故

商路自小喪父，由母親獨自撫養長大，他自幼天資聰穎、努力向學，後來在鄉試、省試、殿試中連得了三次第一名。

解籤

當你所問之事進行得不順遂而抽到這支籤詩時，神明是要告訴你：這件事確實適合你去進行，但想要達到你的期待，不只要再下一些功夫，還需經過一些考驗與波折。這些考驗與波折就好比一團浮雲，讓你無法施展開來，導致你開始感到慌張，所以你要先將自己的心穩定下來，好好思考哪裡需要再努力與加強，然後下功夫精進自己，成功自然離你不遠。

神明親授分析祕訣

❶這支籤詩的重點在歷史典故「商路中三元」。

(1)商路（又稱商輅）是明朝浙江人，由於父親早逝，他從小便由母親撫養長大。古代的科舉制度分為三種階段：鄉試、省試、殿試。三種制度的第一名分別稱做解元、會元、狀元，這三者便是所謂的三元。商路中三元表示商路連續在鄉試、省試、殿試得到第一名，也有人稱為連中三元，難度相當高、相當不容易。

(2)這個典故還有一個重點：一個人之所以會成功，背後一定下過很大的功夫。歷史上能夠連中三元的人少之又少，所以這支籤詩也隱喻著你其實是一個智慧很高、很有能力的人，但若要成就此事，還得再經過一些波折才行。

❷這支籤詩的另一個重點是「戶內用心再作福，當官分理便有益」。這兩句話代表你要有「能力」找出自己需要改進或加強的地方，為官之人須有獨立思考的能力，能明辨是非、分析事理，才能斷案為百姓謀福利。神明是要藉由此籤詩告訴你：只要有能力找出問題，並下功夫去精進改善，終能像商路一樣成功。

抽到這支籤時，你必須……

要知道：成就一件事情前，上天必考驗他的心志。

此籤詩意味著未來發展是好的，但還要經過一些波折，在這段期間內，請好好分析自己的不足之處，努力精進，待浮雲過後，時機就到了。

第伍部

抽籤配對法與解籤歸納法 真實案例運用

了解籤詩的任督二脈——「抽籤配對法」和「解籤歸納法」之後，接下來的章節，我會以實際的案例跟大家分享，如何活用神明傳授給我的這兩大解籤絕招。希望大家可以從中有所收獲。

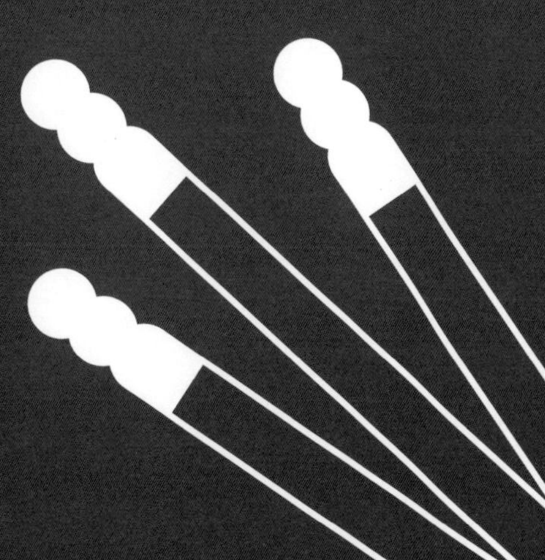

案例1 孩子，你不要嚇我

某個星期五的下午一點多，一位三十多歲的媽媽帶著她四歲的兒子來到高雄梓官城隍廟，當時的天氣雖然沒有很熱，這位媽媽卻已經滿身大汗。我忍不住問她說：「妳是緊張還是真的很熱？不然怎麼會流得滿身都是汗？」

這位媽媽靦腆的回答我說：「應該是緊張吧！」

為了緩和她緊張的情緒，我告訴這位媽媽：「不用緊張啦！神明是很慈悲的，妳要是有什麼困難，神明都會盡量幫妳。」在我的安撫之下，她緊張的情緒才稍稍平復了下來。

「妳今天來是要問什麼？」

沉默了幾秒鐘，這位媽媽的眼眶開始泛紅，「我今天來主要是要問我的小孩。」

「妳小孩怎麼了？」我好奇地問她。

「王老師，事情是這樣的，去年清明節快到時，我們一家打算回鄉下掃墓。清明節前一天，我跟公公、婆婆及先生表示自己不想帶小孩去掃墓，一來孩子還小，二來那幾天孩子一直在感冒。我想留在家裡帶小孩，讓先生跟公婆回去掃墓就好。聽我這麼一講，我公公不是很開心：『清明節是一年一度的祭祖大節日，怎麼可以不回去掃墓？大家都要回去！』公公都這麼說了，我也只好帶著孩子一起回臺南掃墓。到達墓地後，我發現當天掃墓的人沒有想像中多，我們家祖先附近的好幾門墳墓都有燒過金紙的灰燼。我當時想，可能是大家怕清明節當天會有太多人擠在墓地，所以都提前來掃墓了吧！

我跟婆婆還有嬸嬸把一些祭拜祖先的供品擺好，接著整個家族一起點香拜拜。之後，大夥兒就坐在小板凳上休息。那時我也蠻累的，便把我兒子放在旁邊，讓他自己去玩，然後跟家人繼續聊天。大概過了二十幾分鐘左右，忽然聽到旁邊有人大喊：『喂！誰家的小孩暈倒了！』『那是誰家的孩子？』『有小孩子暈倒了！』

晴天霹靂的意外

因為四處看不見兒子，我馬上決定過去看看。我跑向墓碑那邊——那塊墓碑並沒有造墓庭，只是單單立著一個墓碑而已。一到那裡，我嚇得兩腿幾乎快站不住，那個臉部朝下、倒在別人家墓碑旁的，正是我兒子！我先生趕緊把他抱起來，才發現我兒子竟然滿臉是血！我注意到墓碑上有血跡，所以猜測孩子是在玩耍時不小心跌倒，撞到那塊墓碑才昏倒的。我跟我先生馬上把小孩抱上車，開車下山，直奔醫院。

醫護人員進行搶救的當下，我腦袋一片空白，根本不知道該怎麼辦，只知道我兒子若有什麼意外，我一定會活不下去。

幸好，急救後醫生說孩子的情況還算穩定，只是仍舊處於昏迷，必須等他醒來，於是將我兒子推進加護病房。第三天，孩子終於醒了過來。王老師，你知道嗎？我都不知道自己是怎麼撐過這三天的，我到處求神問卜，只求兒子能趕緊醒來，就算要折我的壽都沒關係！」

唉，聽到這邊，我內心有點激動，很感歎的搖搖頭對這位媽媽說：「這就是母愛，人家說為母則強，希望這孩子將來長大成人後，不要忘記妳這個媽媽為他擔過的心、受過的痛苦。還好神明聽到了妳的祈求，妳兒子真的醒過來了。」

沒想到我講完後，這位媽媽忽然忍不住哭了出來。我嚇了一跳，心想：孩子不是已經醒了嗎？難道後面又發生了什麼事？

這位媽媽接著告訴我：「王老師，你知道嗎？一直到孩子一個禮拜後出院，我一顆心才好不容易安定下來。可是，出院後，我兒子整個人像是嚇到了似的，以前會講的一些話現在都不太會說了，只會一些斷斷續續的發音。我婆婆以為孩子是嚇到了，便抱去給人家收驚，但是都沒有什麼效果。

有一天中午，我正在煮飯，我兒子說要上大號，我於是帶他去廁所，讓他坐在自己的小馬桶上，還跟他說：『你乖乖地坐在這裡，媽咪去煮飯飯，等等回來幫你用喔，乖！』

然後我又回到廚房繼續忙，大概十五分鐘後，我跑去廁所看我兒子，我……我……我看到我兒子趴在小馬桶上，正在吃自己的糞便，整個臉、整張嘴都是糞便。看到這副景象，從孩子住院以來所累積的情緒與壓力終於徹底崩潰了，我忍不住跪在我兒子面前，雙手抱著頭大哭大叫：『啊……啊……』

我邊歇斯底里的狂叫，邊打了我兒子好幾個巴掌，打到他臉上的糞便都飛到牆壁上黏著，然後我抱著我那滿臉糞便的可憐兒子，很傷心地對他說：『兒子啊，你到底怎麼了？你是不是生病了？拜託你不要這樣折磨媽咪，媽咪已經受不了了，要不是你還小，媽咪真的要活不下去了，你知道嗎？告訴媽咪，你是不是生病了？』

我一直抱著他大哭，他或許也被我嚇到了，我們母子倆就這樣坐在廁所裡哭，一直哭到我婆婆都回來了。看到我們的樣子，婆婆嚇了好大一跳，也在一旁哭了起來。

看到婆婆蹲在我旁邊哭，我開口對她說：『媽，怎麼辦？我快活不下去了，這已經是他第三次吃自己的糞便了，前兩次我都還以為是意外，今天竟然看到他把整個糞便拿起來吃，還把頭趴下去吃。媽，這已經不是意外了，他是不是生病了？他是不是生病了？』

我婆婆一句話也講不出來，只能抱著我，陪我坐在廁所哭，直到我公公回來。

我們之前就帶我兒子看過不少醫生，卻完全沒有任何改善，現在看到他這個樣子，大家都心知肚明——事態嚴重了！於是，婆婆開始帶著我跟我兒子到處求神問卜。有一天，她帶著我們到一間宮壇，是婆婆的一位朋友介紹的。

那間宮廟的主事人員說，我兒子之所以會這樣，有兩個主要的原因：一是因為我兒子的前世是一頭豬，才會有這種舉動；二是因為我前世是一位屠夫，殺了我兒子，我兒子這輩子投胎是來找我報仇的。

我婆婆於是問說該怎麼辦？他則說，要燒化三百朵蓮花金以及其他的金紙才能化解。

三百朵蓮花金再加上其他金紙的錢畢竟不是小數目，於是我問主事者說：「一定要燒這麼多嗎？」他表示一定要燒這麼多，不燒沒關係，以後出事就別來找他。

他講得這麼嚴重，我們當然很害怕，為了早日解決我兒子的狀況，我跟我婆婆猶豫了一下，最後還是花了好幾萬塊燒金紙。

在那間宮壇做完所有的儀式後，我們都很期待我兒子的情況能夠好轉，可是時間一個月一個月的過去了，根本沒見到任何效果，他還是一樣不太會講話，也常常趁大人不注意時吃糞便。我知道我跟我婆婆已經開始病急亂投醫了，這間宮壇沒有效，就透過朋友介紹去下一間，每家都說要燒金紙，而且一燒都是好幾萬塊；前後算一算，我們已經去過五間宮壇了，花掉的錢也不下二十萬……但是我們又有什麼辦法呢？

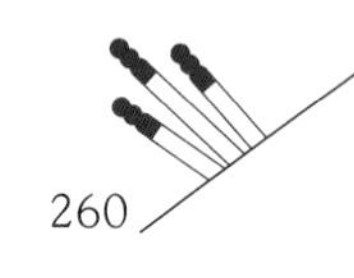

也許是跟王老師的緣分到了，我們一家人平時都很早睡，那一天因為討論兒子的事所以拖得比較晚；就在大家一籌莫展時，電視上突然出現你在解說案件的畫面，我們的焦點頓時都放在老師的談話內容上。節目播完時已經是晚上十二點半了，節目結束的那一剎那，我小姑馬上對全家說：『我覺得王老師的談話很有邏輯、條理清晰，而且又在大學教書，我有強烈的直覺，這件事情一定要找王老師處理，我現在馬上上網查怎樣才可以聯絡到他！』

於是，我小姑就用手機上網查詢，終於查到王老師你的『問神達人　王崇禮老師』粉絲專頁，才知道王老師在南部的問事地點是高雄梓官城隍廟。雖然很難掛號，但多虧了神明幫助，我們終究是順利掛上了！王老師，我兒子的事真的要拜託你了，我們已經沒有辦法了！」

第一階段問事：查明病根到底在哪裡？

我對這位媽媽說：「妳別這麼說，人沒有這麼厲害，關鍵是神明，人的角色只是在輔助神明。我會盡力配合神明來處理這件事，但妳要知道一個基本觀念，每件事情的發生都有它的原因，如果沒有能力把原因找出來，這件事情就很難得到改善，因為不知道病根，就不知道如何開處方箋。在不知病根的情況下開處方箋，很可能會產生新問題，到時就會一波未平一波又起。你兒子這件事能不能處理好，關鍵就在於能不能找到病根。」

我一講完，這位媽媽馬上接著說：「沒錯，王老師，我就是因為認同你這種問神的科學

王博士小講堂

每一件事情的發生都有原因，如果沒把原因找出來、不知道病根，就不知道該如何開處方箋——能不能把問神之事處理好，關鍵在於找到病根。

邏輯，才會告訴自己，我兒子的事無論如何都一定要請到王老師來處理，我不想再找別人處理了！」

「好，既然這樣的話，那我現在就開始幫妳問城隍爺，關於你兒子的事，到底原因是出在哪裡？」

奇怪的是，我一連問了好幾個問題，神明都沒有做出任何指示，就算問有沒有欠點，神明也只給兩個聖筊，沒有連續三個聖筊。以我的經驗來看，這種情形不是另有隱情，就是神明有很多話要講。此時，籤詩就是最好的問事工具。

解籤第一關鍵要素：先配對好所問之事的籤詩

當神明沒有對你問的問題做出任何指示時，你就應該要想到籤詩，一旦確認神明要賜籤詩後，別忘了一定要先請示，所問之事的籤詩要配對在哪一方面。確定配對方向，解籤詩的方向才不會偏離——了解籤詩的配對，就等同於神明在告訴我們該往哪個方向調查。否則，我們有可能會像在大海撈針一樣，找不到確切目標、困難重重（請參考第貳部〈神明所教的變化無窮六十甲子抽籤配對法〉）。

我問城隍爺說：「信女的兒子這件事情，是不是要出身體方面的籤詩？」結果神明只有給兩個聖筊。

在這個情形之下，要如何解讀擲出的兩個聖筊呢？我們可以把它解讀為：「是要出身體方面的籤詩沒錯了，但……」所以，我們必須再繼續配對，直到配對正確為止。

於是我接著問城隍爺：「還是信女兒子這件事是要出本運兼身體方面的籤詩？」

王博士小講堂

當神明沒有對所問的問題做出任何指示時，就應該要想到籤詩了，一旦確認神明要賜籤詩後，別忘了，一定要先問神明所問之事的籤詩是要配對在哪一方面。確定配對方向，解籤詩的方向才不會偏離。

我說完之後，這位媽媽便開始擲筊，馬上出現了連續三個聖筊。她看到連續三個聖筊時，很訝異地說：「我從來沒有擲過連續三個聖筊，今天真的是第一次見識到。王老師，我可以請教你什麼是本運兼身體的籤詩嗎？」

「當然可以，我不只是在幫人問事，同時也是在教學，教導大家正確的問神技巧和觀念。若能學會，臨時遇到問題時就可以先到附近的大廟裡自己問神明，這樣豈不是更好？對我而言，大家都有學到東西，才算是傳道的精神。」

本運所代表的意義

「『本運』就是所問之事走的運勢——每件事情都有它走的運勢；應用在妳兒子身上來解釋，指的就是『吃糞便』這件事的運勢。要留意的是，『運』跟『本運』不一樣：單純的抽『運籤』會比較籠統，因為這是屬於整體的運；而如果是抽『本運籤』，還會搭配你要問的這件事，所以會比較具體。

運籤就好比是一個公司整體走的運，本運籤則是各個部門走的運，如人事部的本運、會計部的本運，或者是行銷部的本運……因此，當妳要問神明一件事情時，可以請神明出該事的本運籤；相對的，如果沒有具體要問的事情，頂多只能請神明出「上半年的運籤」或「下半年的運籤」，讓我們稍微知道整體的運。這是非常重要的觀念，一定要記住！

今天妳是來問兒子的身體問題，照邏輯來說，神明應該只會給身體方面的籤詩才對，但祂卻指示要給本運兼身體的籤詩，這就代表整件事不僅跟身體有關，也跟妳兒子『吃糞便』走的運勢有關。也就是說，等一下籤詩抽出來後，解籤的方向就必須要從身體方面，再加上

『吃糞便』這件事走的運勢一起解。很多問事人員遇到瓶頸，無法再更上一層樓，就是卡在這裡。這一點雖然有些複雜，但是非常重要，一定要把它搞懂，學著融會貫通。」

聽完我的解釋後，這位媽媽說：「王老師，我總算明白為什麼大家都叫你問神達人了，神明所教的東西果然很不一樣，能聽到老師你親自講解實在很幸運，謝謝你。」

「妳太客氣了，現在籤詩的配對已經確定，接下來我們就可以開始抽籤了。」

解籤第二關鍵要素：籤詩的歸納

經過十幾分鐘的抽籤，神明總共出了三支籤，分別是庚戌籤、乙未籤、戊辰籤。籤詩抽出來之後，可以參考〈六十甲子解籤十大歸納法〉和〈六十甲子籤詩詳解〉，這樣就會對怎麼解籤很清楚了。

要注意的是，解籤詩必須順著神明指示的配對方向，即然神明已經指示是要出本運兼身體的籤詩，這三支籤詩就只能往本運兼身體下去解。

籤詩的配對　**本運兼身體**

第一支籤詩

P197

庚戌籤　聞太師征北伐西岐、孟姜女送寒衣哭倒萬里長城【籤詩歸納：欠點】

一重江水一重山，誰知此去路又難，
任他解救終不過，是非終久未得安。

・解籤

你目前的情況有如拔山涉水般困難重重。這段期間可能嘗試過很多的方法，也可能拜過神、求過神，但到目前為止都沒有得到任何改善。若沒有找出問題，不管時間過了多久，仍然會是非不斷，無法得到安寧。

・神明親授分析祕訣

你現階段的境遇非常困苦，不論怎麼做都不如意，但是不用擔心，神明既然知道你目前的狀況非常困苦，一定也知道造成你困苦的原因是什麼。

・抽到這支籤時，你必須……

神明不可能只說現況很困苦，卻沒有下文。因此，抽到這支籤詩時，要記得繼續請示神明，導致困境的問題點究竟是什麼。只有找到根本問題，並且加以解決，才會有開運的一天。

第二支籤詩

乙未籤　李千戈往武當山求嗣【籤詩歸納：目前不宜，問題重重】 P109

花開結子一半枯，可惜今年汝虛度，
漸漸日落西山去，勸君不用向前途。

・解籤

當你所問之事發展不順遂而抽到這支籤詩時，神明是要告訴你：你今年的運勢非常低，好比太陽漸漸下山。建議你今年度要凡事保守，不要太過躁進，也別想再進行什麼事情，暫時先維持現狀，以平安順利為主要考量，一切等來年再說。此外還要提醒你，所謂的今年度是以農曆來計算的，所以要等農曆的一年過完了，立春過後才能開始考慮繼續進行的問題。

・神明親授分析祕訣

❶這支籤詩的每一句都是重點。

(1)「花開結子一半枯」是在告訴抽到籤詩的人，你想要問的事，就好比植物在開花結果時半途枯掉，也就是說——機會已經失去了一半。

(2)「可惜今年汝虛度」隱喻著今年可能要保守地過。

(3)「漸漸日落西山去」表示時機以及運勢都快要消失了，日正當中的運勢將會轉為黯淡無光。

(4)「勸君不用向前途」就是神明在提醒你：不要再一直往前衝，宜放慢腳步，今年度暫且維持這樣就好，如此才能為明年的續航力做好準備。

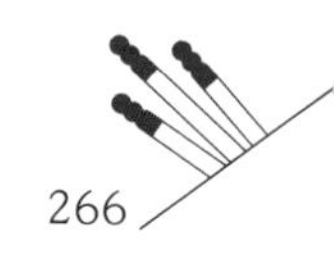

❷如果在問身體時抽到這支籤詩，不管是年長者或年輕人，都要特別留意今年的身體狀況，一旦發覺到哪裡不舒服，就要趕緊去看醫生，切勿小病拖成大病。

❸如果是小孩子抽到這支籤詩，有危險的地方盡量別去，比如說海邊。

・抽到這支籤時，你必須……

❶抽到這支籤詩要先知道重點在哪裡，既然神明已經提前告訴我們了，接下來就要小心以對，這個難關自然就會過了。

❷可再請示神明今年度有什麼地方需特別留意。問神要一清二楚，而不能敷衍了事。神明若有大事要提醒我們，我們卻不把它問出來，就算神明有心幫忙，也心有餘而力不足。

第三支籤詩

戊辰籤　武吉請姜太公改卦、胡完救文氏母女【籤詩歸納：時機到，順勢而為】

P159

君爾寬心且自由，門庭清吉家無憂，
財寶自然終吉利，凡事無傷不用求。

・解籤

當你要問這件事情該不該做，或正在進行一件事情而抽到此籤，神明是要告訴你：心情放寬，別讓自己陷入憂愁中，雖然面臨一些不愉快，但最終會化解，並不會傷害到你。

・神明親授分析祕訣

❶這支籤詩的重點在歷史典故「武吉請姜太公改卦」。武吉是一位以砍柴為生的孝子，一天經過渭水時看到姜子牙用直鉤在釣魚，就笑姜子牙這樣怎麼能夠釣到魚，姜子牙卻對武吉說：「我釣魚從不強求。倒是你，一眼紅一眼青，近日要小心，否則會打死人。」武吉回說：「我安分守己，從不跟人結怨，哪有可能會打死人？」說完便離開了。武吉進城賣柴時，肩膀上的扁擔一揮，竟不小心將人打死。當時的地方官周文王於是畫地為牢處罰武吉。武吉懇求當時的上大夫散宜生，讓他回家安置好老母親，三日後再來服刑。武吉的母親得知原委後，要武吉趕緊再去找姜子牙，她認為姜子牙既然能算到武吉會打死人，就一定能幫忙化解。姜子牙於是教武吉回去在床底下挖一個洞，洞外擺著七星燈，晚上睡在洞裡，劫數自然能化解。過了三日，周文王見武吉沒有回來服刑，於是卜卦查看武吉人在何處，一看到卦象，周文王便歎氣說：「不用找了，武吉已經死了。」武吉在姜子牙的幫助下逃過一劫，最後拜姜子牙為師。

❷這支籤詩的另一個重點就是：現在這個時機對當事人有利，如果遇到麻煩，也會有貴人出現相助。

・抽到這支籤時，你必須……

如果抽到這支籤詩時，你正逢一些麻煩事，建議你誠心祈求該廟的神明，神明會幫忙你的。別忘了武吉母親的判斷：「姜子牙既然能算到你會打死人，就一定能幫忙化解！」那就表示該廟的神明有辦法幫你。

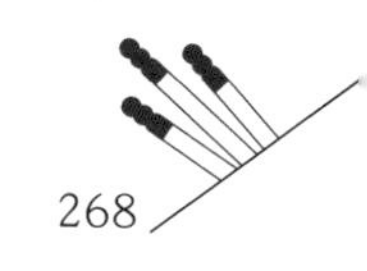

解籤第三關鍵要素：整合籤詩的配對與歸納

當籤詩抽出來之後，這位媽媽馬上對我說：「王老師，來這裡之前，我真的不知道抽籤詩原來有這麼多的學問！宗教跟學術、科學結合，不僅可以讓整個問事過程很嚴謹，還可以讓人更信服、更有安全感。」

聽她這樣說，我立刻接著表示：「抽籤詩千萬不能隨便抽一抽，更不是想抽就抽，這個過程看起來好像沒什麼，背後卻隱藏著很重要的邏輯。若沒有經過這些程序，就算把籤詩抽出來，由於過程有瑕疵，解籤就沒辦法解得很精準。所以我要再提醒一次，抽籤詩之前一定要先決定籤詩的配對。按照這個原則，籤詩一抽出來，就不用再煩惱該從哪裡解了——準備抽籤詩時，可以先自我檢驗是否有按照這個原則。」

整合歸納籤詩的內容

接著，我看了一下三支籤詩的內容，然後對這位媽媽說：「第一支籤詩是在講妳兒子這件事情確實有欠點，因為庚戌籤是歸納在『欠點』。第二支乙未籤則是歸納在『目前不宜，問題重重』，說明妳兒子的本運在今年非常低，幾乎已經枯掉一半了，因此凡事要小心為上，能保平安最重要。

至於第三支戊辰籤，雖然歸納在『時機到，順勢而為』，但這支籤有另一種解法，得看它的歷史典故『武吉請姜太公改卦』。庚戌籤跟乙未籤是講欠點及本運很低，而第三支籤卻說時機已到，可以順勢而為，這不是很矛盾嗎？除非妳要把它解釋成：『欠點找到並處理好之後，時運才會順，時運順了就可以順勢而為。』這才說得通。」

王博士小講堂

乙未籤是在講時運很低，戊辰籤則代表時機已到，兩支籤的搭配可解釋為：事情處理好之後，時運才會順，時運順了就可以順勢而為。一旦遇到乙未籤跟戊辰籤同時出現，一定要特別注意。

「對耶！」

「那麼，既然這支籤詩不能往時機已到的方向解，又該怎麼解呢？應該是要往『武吉請姜太公改卦』這個歷史典故下去解才對。我之前曾遇過這種案件，也剛好是乙未籤跟戊辰籤搭配，當時神明還特別交代我，戊辰籤一定要再另外請示。當時我還一頭霧水，為什麼這支籤詩還要特別請示？不過，請示過神明後，我就明白神明為什麼要出這支籤詩了。之後一旦遇到乙未籤跟戊辰籤同時出現，我都會特別注意。」

神明的厲害之處：金蟬脱殼

我繼續告訴這位媽媽說：「我們應該要請示的方向有兩個：第一，因為籤詩只能指示有欠點，無法告訴我們是什麼欠點，所以要問出欠點是什麼。第二，請示戊辰籤中是不是有其他指示？」

我問了差不多十幾分鐘，很奇怪的是，雖然確定有欠點，但神明卻始終沒有指示出欠點是什麼，過去的經驗告訴我，問題出在乙未籤跟戊辰籤。於是，我馬上問城隍爺說：「是不是有欠點沒錯，但信女的兒子今年本運彷彿枯萎，已經低到隨時都可能會發生危險，所以目前最重要的是先保護信女的兒子，等度過危險期，再來請示欠點是什麼，以及該怎麼解決？」

這樣一問之後，馬上就出現三個聖筊了。

我怕這位媽媽聽不懂神明的意思，所以又再仔細地跟她解釋了一次：「神明的意思是說，妳兒子這件事確實是有欠點沒錯，但現在不是講欠點的時候，因為妳兒子的運低到隨時會發

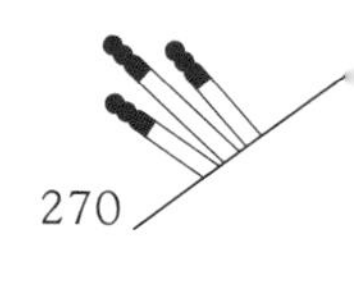

生危險，所以現階段最重要的，是要先保護好妳兒子，不要讓他發生危險，之後再來請示欠點——要是命都保不住了，知道欠點也沒有用。」

聽說我這麼一說，這位媽媽很緊張地問我說：「那我現在要怎麼做？」

「妳先不要緊張，我猜玄機就在戊辰籤的歷史典故了。沒關係，我先請示城隍爺，如果確實如我心中所想，我再跟妳解釋。」

我馬上再問城隍爺說：「這支戊辰籤是不是要指示信女的兒子辦理『蓋運』？」筊一擲下去，城隍爺馬上給了連續三個聖筊。「果然沒錯，就是要蓋運。」

「王老師，什麼是蓋運？」這位媽媽不解的問我說。

神明的保護——蓋運

蓋運，也有人稱為「掩魂」，也可以稱做「金蟬脫殼」，當一個人的運勢已經低到隨時會有生命危險時——也就是隨時有可能會被「抓交替」，神明就會把這個人的生辰八字暫時蓋起來，不讓對方找到。

「對方若找不到妳的兒子，自然就不會發生危險。這個方法就是那支戊辰籤的歷史典故：『武吉請姜太公改卦』。當年姜子牙也是用這個方法把武吉的生辰掩蓋起來，所以周文王卜卦時，才沒有辦法算到武吉目前的情況，讓武吉順利逃過一劫。城隍爺今天也是要用這個方法先保護妳兒子，讓他度過危險期。」

聽我解釋完蓋運的意義後，這位媽媽心裡很激動，不斷地感謝城隍爺的慈悲，一直雙手合十膜拜城隍爺。

王博士小講堂

蓋運也稱為掩魂或金蟬脫殼，當一個人的運勢低到隨時會有生命危險、被「抓交替」時，可以請神明把此人的生辰八字暫時蓋起來，不讓對方找到。要特別留意的是，辦理了蓋運，就一定要問神明何時掀運，不然會造成當事人運勢持續黯淡。

有蓋運，就一定要有掀運

神明若指示要辦理蓋運，有兩個重點一定要繼續請示神明：

一、當事人蓋運要蓋多久？只有神明知道危險期大概有多長，蓋太久，對當事人的運勢有影響；蓋得太短，又會發生危險。因此，一定要請示神明蓋運的時間。

二、有蓋運，就一定要掀運。蓋運就是把生辰蓋起來，不讓人找到，所以當事人在這段期間勢必沒有運可走，不求富貴，只求保平安。但若把運一直蓋著，豈不是一直沒運可走？這會造成當事人的運勢持續黯淡，做什麼都不順。所以，如果神明指示要蓋運三個月，從問事那一天算起的第三個月那一天便一定要掀運；有掀運，才會開運，運開了，做事才會順。

結果城隍爺指示，這位小朋友需要蓋兩個月的運，也就是兩個月後的今天要辦理掀運。

第二階段問事：危險期度過後，神明正式指示欠點

於是這位媽媽跟我約好時間，在梓官城隍廟順利辦好蓋運儀式（一般問事完隔一兩天就會進行）。接下來，就是等兩個月後再來請示欠點是什麼，這樣才能讓整件事圓滿解決。

兩個月後，這位媽媽不只帶著兒子來梓官城隍廟辦理掀運，連公公、婆婆、先生和小姑也都陪同前來。閒聊了一會後，我問這位媽媽說：「妳兒子這兩個月的情況怎樣？」

她告訴我說：「這段期間，我有教我兒子講一些話，現在他比較會講了，至於之前吃糞便的事，現在上廁所我們都有看著，所以沒再發生。」

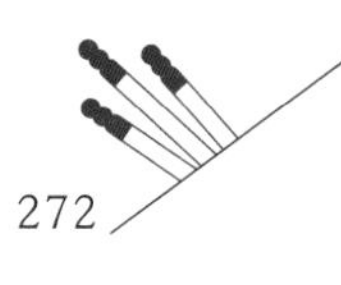

聽到這種答案，我心裡也很替他們開心。我告訴他們，要先把掀運的事處理好，再來請示欠點是什麼——這就是重頭戲了。

掀運儀式大概花了一個多小時，接著我馬上幫他們問造成孩子吃糞便的欠點是什麼。經過半小時左右的擲筊，神明終於指示，欠點是當時小孩子撞到墓碑暈倒後，元神失落在那門墳墓旁的后土（土地公）裡面，造成小孩子原本會講的話講不出來，行為還開始出現異常。

答案既然已經水落石出了，接下來就要問該怎麼處理。經過了大約二十分鐘，城隍爺指示，已派城隍廟的土地公去跟那裡的后土協調好了，小孩子的元神也已經調回來了，現在要馬上幫孩子集中他的元神，我則遵照城隍爺的指示，一一處理完成。

遲來的「老師好」

處理好孩子的元神後又過了將近一個半月，某一天，他們一家人帶著水果來到梓官城隍廟，這位媽媽牽著她的兒子，走過來跟我打招呼，她對兒子說：「叫老師，說老師好。」

我靜靜看著她兒子，心裡既期待又緊張。令人開心的是，小朋友開口了：「老師好！」

看到孩子有這麼大的進步，我心裡比誰都開心，於是向他們確認說：「已經會講話了？」

小朋友的爸爸告訴我說：「會講了，進步了很多，那一天回去之後的隔天晚上，就會開口吵著說要吃東西了。」

聽到爸爸這麼說，我嚇了一大跳，馬上追問媽媽道：「吃東西!?吃……吃什麼東西？」

媽媽大笑說：「王老師，不會再吃那個了，是吃他的餅乾啦！」

我用手拍了拍自己的胸口說：「呼……是吃餅乾就好，太好了，哈哈！」看到他們全家人開心的笑容，我也被感染了興奮之情，一家人接著恭恭敬敬的向城隍爺上香，虔心答謝神恩。他們臨走之際，這位小朋友突然鬆開媽媽的手，跑到我身旁大聲說：「老師好！」說完，便轉頭牽著他母親的手走出去了。

聽到小朋友叫這一聲「老師好」，心裡真的很感動，我轉頭看坐在神龕裡的城隍爺，在內心裡默默跟祂說：「謝謝神明的慈悲，沒有神明的幫忙，我沒有辦法聽到這孩子對我說一聲老師好。謝謝城隍爺！」

圖解案例

狀況：孩子在跌倒後出現吃糞便等異常行為
→多次就醫不見改善，可請神明幫忙調查分析

↓ 釐清問題

第一階段「查明病根何在」：接連問了幾個問題，卻都沒出現三個聖筊→可能代表神明有許多話要說，於是問神明是否賜籤詩

↓

神明指示要賜籤後，問出籤詩配對→神明要賜本運兼身體方面的籤，於是抽出三支籤詩

問事心法 1
神明指示賜籤後，一定要先確認好籤詩配對，再抽籤詩，才不會造成解籤方向錯誤

↓

根據籤詩的十大歸納法解籤，此事當中有欠點，加上孩子的運勢極低，須先請神明蓋運，再處理欠點事宜

問事心法 2
當神明調查到當事人有立即的危險時，便應先處理人身安全的事宜。待危險期過後，再處理欠點

↓

第二階段「處理欠點」：危險期過後辦理掀運儀式，再依照神明指示處理欠點事宜

導致失敗的問事地雷
前世之業？
去宮廟問事時，常能聽見前世今生或冤親債主等說法，在尚未透過擲筊向神明確認前，不要輕易相信這些未經證實的說法，以免花了大錢又無法收到任何效果。

很多人會懷疑，求神問卜到底算不算迷信？當然不算迷信——除非你是毫無邏輯的亂問一通。但是，問神可以很科學嗎？當然可以，只是大部分的人都不知道正確的方法罷了。

曾經，一位科學家做了一個實驗。他把三隻猴子關進一個籠子裡，籠子上面掛著一串香蕉，並暗中在香蕉旁邊裝了一個灑水器，只要當中的任何一隻猴子伸手去抓香蕉，灑水器就會自動噴水，把牠們噴得全身濕。一隻猴子想要去拿香蕉，卻是三隻猴子一起被噴濕；另外兩隻猴子也陸續伸手拿香蕉，結果都難逃一起被噴濕的下場。不斷重覆幾次後，三隻猴子都不敢去拿香蕉了，因為不管是誰去拿，大家都會遭殃。

接著，科學家把其中一隻猴子抓出籠子，放進了一隻新的。新猴子一看到香蕉，馬上就伸出手去拿，卻立刻被原本的兩隻舊猴子抓了下來。被連番阻止了好幾次之後，新猴子便放棄拿香蕉了——反正一爬上去就會被拖下來。科學家不斷地重複進行同樣的實驗，直到原本的三隻舊猴子都被汰舊換新為止。

在這個實驗當中，只有最前面的三隻猴子知道為什麼不能去拿香蕉——會被噴濕，第四隻以後的猴子並不知道確切原因，只知道一伸手拿香蕉，就會馬上被其他猴子給拖下來，只好跟著照做——前人怎麼做，我們就照做。

這其實是一個文化實驗，而宗教正是文化的一環。就和這個實驗一樣，許多人面對宗教時常不知道為什麼要這麼做，以為只要照著前人的慣例去做，肯定不會出錯，這種現象常讓我省思：宗教若再這樣盲目地傳承下去，只知其然，卻不知其所以然，後代子孫到底能學到什麼？

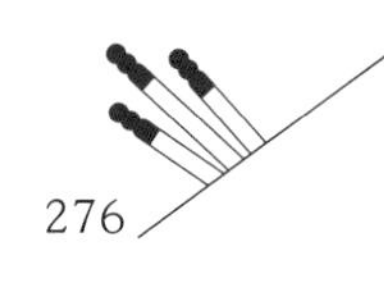

舉一個例子好了，曾經有一對夫妻結婚多年還無法順利懷孕，在長輩催促的壓力下，夫妻倆開始到處求神問卜。然而，每間宮廟說的答案都不一樣，有些宮廟說是因果造成的，有些則認為是前世冤親債主太多，還有人說不孕的主因是夫妻相剋，甚至開口勸他們：「反正早晚都會離婚，不如趁早離一離。」搞得這對夫妻不知道該聽哪一個說法才好。

儘管聽到的答案這麼的「多元」，我卻只好奇兩件事：

一、為什麼一談到宗教或問神，大家總離不開因果、相剋、冤親債主呢？是因為前人都這麼說，我們只好照著做？這世上確實有因果、相剋、冤親債主等，但並非每件事情都跟有關。

二、為什麼沒有人先是叫這對夫妻去尋求醫學途徑（例如到醫院檢查），或者是從醫學的角度來問神？什麼是「從醫學的角度問神」呢？簡單來說就是：結合科學與醫學的常識來問神。

其實，案例中的這對夫妻在四處求神問卜一年後找上了我，而我問出來的答案竟然是……

急於求子的夫妻

每逢假日，人們臉上都不難看出一種輕鬆、愉悅的感覺。就在此時，一對夫妻滿臉愁容的走進高雄梓官城隍廟。兩人看上去大約三十六、七歲，看他們問事單上面寫了「求子」兩個字，過去的經驗告訴我，他們應該是結婚多年無法懷孕，或者懷過孕但都保不住胎兒，今天之所以會來，應該是想問什麼時候能懷孕吧？

這對夫妻坐下來後，我便問這位先生說：「你們今天來是要問求子的事嗎？」

他隨即回答我說：「王老師你好，我們今天確實是來求子的。事情是這樣子的，我跟我太太已經結婚四年多，卻一直無法懷孕。雖然我還有兩個妹妹，但我是家中獨子、唯一的男丁，再加上父母親年紀也大了，老人家深怕簡家絕後，一直給我們夫妻倆施加傳宗接代的壓力。這四年以來，親戚朋友介紹的所有偏方我們都吃過了，任何想得出來的方法也都一一嘗試過，還四處求神問卜，只是……」

說到這，簡先生稍做停頓，無限悲傷的搖了搖頭，似乎不太想繼續說下去。為了充分了解事情的來龍去脈，我繼續追問：「簡先生，只是怎麼了？」

「唉……」簡先生長長的歎了一口氣說，「這四年以來，我跟我太太已經問過不知多少間宮廟了。第一次是我同事帶我去問的，那間宮廟在臺中，由一位師姊負責辦事，我同事說這位師姊可以直接跟神明溝通。我們當時一心想趕快有小孩，聽了之後，心裡都抱了非常大的期待。

毫無驗證的宮廟說法

等候了十幾分鐘，終於輪到我跟我太太問事了，我們對那位師姊說，我們結婚多年一直都沒有辦法懷孕，想要知道什麼時候可以懷孕。我講完後，那位師姊就閉上眼睛，口中開始念念有詞地說著一些我聽不懂的話，我同事說那是天語。當時我心想，既然是天語，那就不是我們凡夫俗子可以聽得懂的，所以只好耐心等待。

大概過了三分鐘，這位師姊忽然睜開眼睛，一臉嚴肅的對我們說：『不妙，你們的冤親債主已經跟來了！』

『冤親債主跟來？什麼意思？』我一臉狐疑的問。

她告訴我說：『我查了一下你們的前世因果，你前輩子是一位將軍，因為戰爭殺了很多人，該殺的殺，不該殺的也殺，所以才結下這一段冤仇。這些被你殺掉的人在這一世找到你，想要你還這筆債——這就是你們夫妻不能懷孕的原因之一。

至於你太太，她前輩子是一位員外，看上了家中的婢女，想盡辦法要得到她，於是在婢女的飯菜中下藥迷昏她。這位婢女不甘受辱，投井自盡，她的冤魂一直在找你太太，終於在這輩子找到了。她一直跟在你太太身邊，至今仍然怨氣很重，這就是你們不能懷孕的原因之二。』聽到這樣的答案時，我整個人都慌了，腦袋裡一片空白，我太太更是嚇到哭了出來，一直問那位師姊說：『那我們該怎麼辦？有沒有什麼辦法可以化解？』」

聽到這邊，我很好奇的問簡先生說：「既然她說這是你們不能懷孕的原因，接下來你們是怎麼解決的？」

聽到我這樣問，簡先生一臉無奈的對太太說：「乾脆妳來跟王老師講好了。」

簡太太於是跟我說：「當時我真的很害怕，一直問那位師姊有什麼辦法能夠化解這些冤親債主？但她只是搖搖頭說：『很難。』

在我不斷追問之下，她終於開口說：『要化解這些冤親債主，就必須做一些祭改的儀式，然後燒一些金紙。否則，你們這輩子別想要懷孕了，好好考慮看看吧！』

當時我們一心只想要快點懷孕，再加上那位師姊說得這麼嚴重，所以想都沒想，就一口答應了。只不過，祭改儀式加上燒金紙，竟然要花三萬六千元！說真的，聽到這個數字的當下，我們真的嚇了一大跳，我跟我先生只是一般的上班族，收入並不高，目前又還有房貸要還，三萬六對我們而言實在不是一筆小數目。跟我先生商量之後，我們都一致認為：如果真的可以順利懷孕，那就試試看好了。

於是，我們約好了日期跟時間，再一次去那間宮廟進行祭改儀式跟燒化金紙。等到儀式結束後，那位師姊對我們說：『三個月內保證你們一定會懷孕。』」

「後來呢？」我問簡太太。

「後來？後來還是沒有懷孕啊！」簡太太失落的回答我。

我發現簡太太的神情忽然變得很落寞，眼眶也開始泛紅。我趕緊出言安慰她，先緩和一下她的心情。

過了幾分鐘，簡太太的心情稍微平復了一些後，她繼續告訴我：「王老師，花了這麼多的錢跟精神，卻還是沒有成功懷孕，我已經很難過了，可是你知道嗎？讓我最難過的不是這個，反而是我婆婆。」

「妳婆婆？為什麼？這件事情跟妳婆婆有什麼關係？」我不解地問。

沒想到，簡太太臉色有點不悅地對簡先生說：「你媽的事，你自己來講好了！」

偏聽偏信竟至家中失和

見簡太太不只口氣變差，連情緒也開始出現波動，我心想，她婆婆在這當中不知扮演著什麼

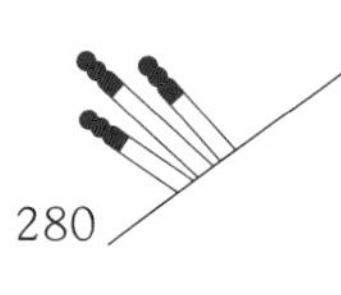

樣的關鍵角色，不然怎麼會一講到婆婆，情緒起伏就這麼大？我才這麼一想，簡先生馬上接著說：「王老師，其實我媽媽也是好意啦！」

「什麼叫好意？叫我們離婚，這叫做好意嗎？我有做錯什麼事嗎？生不出孩子，只是我的錯嗎？憑什麼這樣要求我！」簡太太哭了出來，大聲對簡先生咆嘯。

「好啦！妳先別激動，讓我把事情講完。」簡先生安慰著他太太，「王老師，我媽媽之前有去其他宮廟問神明，那間宮廟的仙姑告訴她說：『妳兒子跟媳婦前世是一對仇人，兩人的仇恨很深，不是神明可以化解的。偏偏妳兒子在這輩子又遇到妳媳婦，還結了婚，再次延續了上輩子的冤仇，這就是妳媳婦生不出兒子的原因。』

我媽媽一聽，很害怕的問那位仙姑說：『那該怎麼辦？有沒有辦法化解？』

那位仙姑說：『必須要燒蓮花金才能化解冤仇，化解之後三個月，妳媳婦就會懷孕了。』那位仙姑要求我媽媽要燒一萬六千塊的蓮花金，而且還一定要在那間宮廟買，才能解開我跟我太太前世所累積的冤仇，我媽媽也照辦了。

燒完蓮花金後的四個月，我太太依然沒有懷孕。於是，我媽媽又跑去找那位仙姑，沒想到她又叫我媽媽燒一萬六千塊的金紙，說是結怨太深，無法一次解決，我媽媽仍然照辦了。

又過了三個月，我太太還是沒懷孕，我媽媽又再去找那位仙姑，沒想到，對方竟然很不耐煩的對我媽媽說：『妳不要怪我，要怪就要怪妳兒子跟媳婦前世結仇太深，這輩子才會這樣，跟我沒關係！』

我媽媽急得對那位仙姑解釋說：『我沒有怪妳，我只是想問接下來要怎麼辦，總不能一直都沒消息啊！』

『事情已到這種地步，也只剩下一條路可走了，就不知道妳願不願意做？』

『什麼路？』

那位仙姑很嚴肅的說：『仇恨這麼深、這麼難化解，如今只好叫妳兒子跟妳媳婦離婚，我再幫妳兒子找一個合適的姻緣，這樣妳就有機會抱孫子了。』

那一天媽媽回來後，我就隱隱約約覺得她變得怪怪的，只是我又說不出個所以然。直到某個星期天，我媽叫我太太去菜市場買菜，我太太一出門，她馬上就說有事情要跟我商量。

我媽媽把她在那間宮廟問事的經過全講給我聽，聽完之後，我一陣心驚膽跳，完全說不出話來，只能問她說：『難道妳……』

『沒錯！我是為你好，你們還年輕，現在分開對彼此都好，可以趁早去找各自適合的緣分，要是年紀大了就不好找了。聽媽媽的話，我真的是為你好。』

我有點生氣的跟我媽媽講：『妳不要那麼迷信，都已經燒了三萬多塊的金紙，一點效果都沒有。妳有沒有想過，如果我離婚之後還是沒用呢？那我們受的傷害誰要負責？拜託妳不要再亂聽亂信了，好不好？』

我媽媽也許是看到我動怒了，便沒有再多說什麼。沒想到，她竟然私下去找我太太，把整件事情告訴她，還要求我太太答應離婚。我太太當然很難過，當天晚上哭著對我說：『你們是想把我逼死才甘願嗎？我做錯了什麼事？為什麼你們要這麼對我，你們有沒有想過我的感受？你們真的太過分了！』」

說到這裡，簡太太按捺不住的哭了出來，簡先生拍拍她的肩膀表示安慰。

我問簡先生說：「那麼前後加加起來，你們已經花了七萬多塊了？」

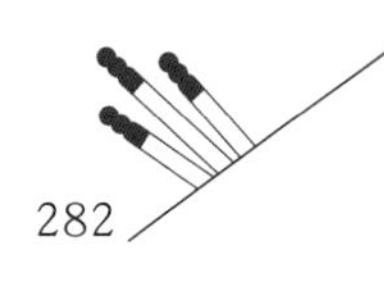

「是啊，」簡先生無奈地回答說，「自從這件事後，我媽就跟我太太處得非常不好，婆媳關係相當緊繃，我媽三不五時就對我太太發脾氣，還會當著我太太的面說：『別人的媳婦都已經生了好幾個，偏偏我們家來了一個不會生的媳婦，我上輩子到底是造了什麼孽？』

長期以來承受這麼大的壓力，我真擔心我太太會因此得到憂鬱症。直到有一天，我看到王老師上《新聞挖挖哇》談有關宗教的事，從老師的理念中，我們看得出來你跟一般傳統問事者的觀念很不一樣。所以，我上網找了老師的粉絲專頁，好不容易才掛到號。請王老師幫幫忙，我們夫妻真的不知道該怎麼辦才好，不只要面對一直無法懷孕的問題，還要承受來自我媽媽的壓力。我是獨子，可以體諒我媽身負的重擔，但再這樣下去，真不知我媽跟我太太會變得怎麼樣？」

我告訴簡先生說：「你們先不要擔心。對了，有一件事情我很好奇，關於前世冤仇的問題，你們有驗證過嗎？我是指：『用擲筊的程序向神明確認，沒有孩子是不是前世冤仇所造成的？』」

「沒有。」

問神要經過邏輯與科學的程序

我告訴簡先生說：「關於你跟你媽媽之前的問事經驗，我不會多做評論，我只能跟你講我的問事原則，那就是：問神一定要有邏輯性跟科學性，每個問題都要經過驗

王博士小講堂

求神問卜時，有時會遇到宮廟人員或乩身直指問題的根源出於○○○，遇到這種情形時，最重要的第一個步驟，就是對這些說法做出驗證，所謂的驗證，就是用擲筊的程序向神明確認，這些說法是否確實無誤。

證。」這就好比做研究，先列出我們的「假設」，再經過嚴謹的統計分析——用在問神上，就是三個聖筊——得到數據。得到了科學數據，就能依據這些數據來證明我們的假設對不對，問神也是一樣的道理。

多了擲筊這道程序，我們才能確定答案的準確度，也一定要通過這道程序，才能代表假設的問題得到了三個聖筊（科學數據）所證實。問神的目的不就是要得到最準確、最真實的答案嗎？這樣的答案應該透過完全沒有人為介入、以科學分析出來的數據，才能客觀的看清神明的答案。

聽完我的分析後，簡太太對我說：「王老師，我跟我先生講過好幾次，做研究的人一定比一般人更注重邏輯與科學程序，若能把這種程序跟問神相結合，問出來的結果也會讓人更有安全感，比較能讓人信服。」

我笑笑的說：「我只是運用了在美國念博士時學到的研究方法，再經過神明在夢中調教，才歸納出這套問神的方法；若沒有神明的教導，想要有什麼成果都是有限的。好了，我們現在就來請示城隍爺，你們的問題在哪裡。不過，在請示神明之前，我想要先問你們一個問題，你們之前有去醫院檢查過嗎？醫學歸醫學，宗教歸宗教，如果大家都捨棄醫學而先求助宗教，這樣就是迷信了。」

沒想到簡先生竟然說，他們從來沒有去醫院檢查過。我很詫異的說：「我還以為你們有去檢查過了，想不到竟然沒有！其實，正確的觀念應該是要叫你們先去醫院檢查，然後再幫你們問的，不過你們都從北部大老遠南下了……好吧，我還是先幫你問看看好了，看看神明怎麼指示，說不定神明會指示你們先去醫院做檢查再說。」

王博士小講堂

問神一定要有邏輯性跟科學性，每個問題都要經過擲筊驗證，得通過這道程序，才能代表我們假設的問題已得到三個聖筊（科學數據）所證實。

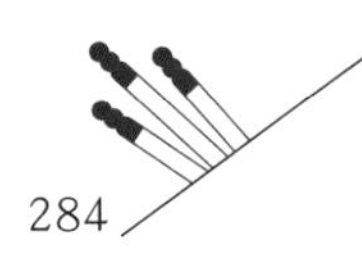

先把假設問題列出來

接下來就開始要問問題了，根據神明的教導，有關懷孕的假設問題共有以下三種：

❶欠點。
❷身體因素。
❸時機問題。

「別因為只有這三個假設問題就小看了，這三個問題裡包含了很多奧妙，若能搞清楚，就能夠找到你們夫妻至今仍沒辦法順利懷孕的主因了。」

第一階段問事方向：驗證關於懷孕的假設問題

接下來，第一階段的問事方向，就是先來一一驗證這三個假設問題。

第一次擲筊

我開始問城隍爺：「簡弟子夫妻結婚多年都沒辦法順利懷孕，是不是有什麼欠點所造成？如果是的話，請給弟子三個聖筊。」

接著，簡先生便把筊擲了下去，沒得到任何聖筊。

我告訴簡先生說：「神明沒有給三個聖筊，就表示你們的事跟欠點沒有關係，所以必

王博士小講堂

要問神明關於懷孕的事，假設問題一共有以下三種方向：❶欠點；❷身體因素；❸時機問題。

須把欠點這個假設排除掉——因為驗證沒過。欠點是什麼呢？祖先、風水、前世冤仇、冤親債主，都歸類在欠點，如果你們想再確定一次，我可以再幫忙請示。」

簡太太馬上回答說：「好，麻煩老師了，這是我最在意的部分。」

第二次擲筊

於是，我接著問城隍爺說：「簡弟子夫妻結婚多年都還沒有辦法順利懷孕，是否是前世冤仇及冤親債主所造成的？」

結果還是沒有任何聖筊。

「第二次擲筊也沒得到任何聖筊，所以我們可以確定，你們結婚多年無法懷孕，跟前世冤仇及冤親債主沒有關係。」

這時，簡太太終於露出了笑容，她流著眼淚，雙手合十地對城隍爺膜拜，彷彿在感謝神明還給她一個清白。

「第一個假設『欠點』已徹底排除，表示沒孩子的事跟前世冤仇及冤親債主無關，那你們就不要一直把這件事放在心上，才不會限制思考，沒辦法考慮其他問題。」

之後，我便繼續往第二個假設問題——身體問題——請示。

第三次擲筊

我問神明說：「簡弟子夫妻結婚多年無法順利懷孕，是不是身體因素所影響？如果是的話，請給弟子三個聖筊。」

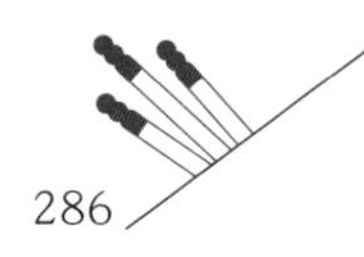

這一次出現了兩個聖筊，我告訴簡先生說：「兩個聖筊代表我們已經找到百分之八十的方向了，也就是說，你們的事是身體因素沒錯，但還要繼續切割出進一步的假設問題，才能夠真正得到三個聖筊，查出是身體的哪一個因素。」（兩個聖筊的詳細意義請參考《神啊！我要怎麼問你問題？》、《神啊！你到底在幫我什麼？》）

從兩個聖筊開始抽絲剝繭

神明教過我，關於身體因素的假設問題一共有以下四種：

❶女方的身體因素。
❷男方的身體因素。
❸男女雙方的身體因素皆有。
❹飲食部分。

接下來，我們就繼續針對這四個假設問題一一驗證，看看哪個答案會得到三個聖筊。

第四次擲筊

我繼續問神明：「是信女身體方面的因素嗎？如果是，請給弟子三個聖筊。」

這一次，神明給了三個聖筊。所以到目前為止，我們可以暫且先下一個結論：「簡先生夫妻結婚多年未有孩子，原因在於簡太太的身體因素。」

王博士小講堂

若神明指示出無法順利懷孕是出於身體因素，那麼，假設問題共有以下四種：❶女方的身體因素；❷男方的身體因素；❸男女雙方的身體因素皆有；❹飲食部分。

但是，千萬不要因為有了結論，就認為事情已經告一段落，多數人問到這裡後，很可能會問不下去，也不知道該從何問起，而若想精進問事功力，就應該要努力思考、學習，認真吸收各種專業知識，才有能力繼續問下去。

至於要往哪個方向問下去？當然是朝神明賜下三個聖筊的方向——簡太太的身體因素。若捨棄三個聖筊的提示，朝沒有得到聖筊的方向問，問出來的結果將會牛頭對不到馬嘴，前、後兜不攏。答案的精準度高不高，掌握在邏輯觀念與科學程序上，這一點務必要牢牢記住。

關於簡太太的身體問題，若不知道該怎麼繼續問下去，比較負責任的做法是建議他們先去醫院檢查，尋求醫學途徑，這樣才符合醫學與宗教途徑雙管並行的法則。但話說回來，到底能不能繼續問下去呢？其實是可以的，但這就要看「神明」跟「問事人」的配合程度了。

為什麼會這麼說呢？其實，這對夫妻來找我之前，神明已經事先向我托夢了。在此要鄭重提醒各位，若不是神明事先托夢，我一定也會叫他們先去醫院做檢查的。然而，神明既然已透過托夢向我透露部分訊息，我自然也能朝「更精細」的方向繼續問下去了……

簡先生對我說：「王老師，我太太的身體問題是不是需要到醫院做檢查？」

「當然一定要到醫院檢查，才不會流於迷信，不過，我有從神明那裡得到一些提醒，所以我還是先『暫時』幫你問看看，然後你再到醫院做檢查。」

第五次擲筊

我接著問城隍爺說：「信女身體方面的因素是不是輸卵管阻塞造成的？如果是，請給弟子三個聖筊。」

果然不出所料，神明真的給了三個聖筊。

看到神明這樣的指示，簡先生驚訝得說不出話來，簡太太也只能吐出一句：「天啊！」夫妻倆互看了一眼，又轉過頭來看我，不知道該怎麼開口。最後，還是簡先生率先打破沉默：「王老師，你怎麼會想到要問城隍爺我太太是不是輸卵管阻塞？」

「其實，不是我知道要這麼問，而是神明事先托夢給我。」

「神明有托夢？」

請各位留意，若不是神明已透過聖筊指示輸卵管確實有阻塞，我就不能把我的夢境講出來，在神明還沒指示之前講出來，那就是洩露天機。不過，既然已透過三個聖筊確認，講出來就沒關係了。就在這對夫妻來找我的前幾天，我做了一個夢……

> 一對夫妻在他們家前面的花園澆花，他們將水管接上後扭開水龍頭，然而卻始終沒有水流出來，當然也就無法澆花了。
>
> 我感到很奇怪，水龍頭明明就有開，為什麼沒有水流出來？我上前查看後才發現，靠近水龍頭那端的水管被一顆石頭堵塞住了，所以水無法流出來。

夢境推論解析

第一片段

> 一對夫妻在他們家前面的花園澆花，他們將水管接上後扭開了水龍頭，然而卻始終沒有水流出來，當然也就無法澆花了。

片段解析

在宗教與問事的領域裡，都將懷孕稱為「積花」或「栽花叢」，花園便代表栽花叢——跟懷孕有關。水管既已接上水龍頭，卻還是沒有水流出來，表示懷孕這件事當中有問題存在，至於確切問題是什麼，就要看第二個片段了。不過，在第一片段裡，我們至少可以確定一件事：這個問題不是欠點造成的，因為神明已指示出問題出在女方身體，那就只能從身體方向來解夢，若突然轉而從欠點的角度去解，就等於全盤推翻神明的驗證，只會讓答案互相矛盾。

第二片段

靠近水龍頭那端的水管被一顆石頭堵塞住了，所以水無法流出來。

片段解析

水管的作用在輸送水分，讓水灑在花叢上，使花繼續生長，花叢若缺水，其生命的延續就會受到阻礙，而這當中的禍首，就是那顆靠近水龍頭處的石頭。因此，這顆石頭就是重點——讓簡太太無法順利懷孕的根本原因。

以夢境的顯示再加上醫學常識來判斷，這「有可能」表示是輸卵管阻塞，但是在還沒向神明確認前，只能用「有可能」這個詞，須等到神明給三個聖筊驗證後，才能使用「確定」這兩個字——神明還未驗證前，不能隨便回答人家，這就是問事的嚴謹度。

幫簡先生夫妻倆分析完整個夢境後，夫妻倆都一臉不可置信的看著我。過了許久，簡先生才開口說：「王老師，我們之前去過不少宮廟，從來沒有見過像你這樣的問事過程。只憑

王博士小講堂

不管從神明托夢中得到什麼訊息，都只能用「**有可能**」來解釋，必須等到神明給了三個聖筊驗證之後，才能使用「**確定**」兩字。

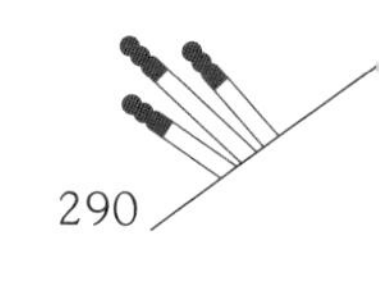

著擲筊，竟然可以問到這麼細，甚至連輸卵管阻塞也可以問出來，我真的是上了一門有錢也學不到的問事課啊！」

「你客氣了，說實在的，今天如果沒有神明托夢，我也只能問到身體因素，接下來就只能叫你們去找醫生檢查究竟是哪裡出問題。我懂的只是問事技巧，若非神明托夢告訴我這些醫學常識，我哪裡會知道要往這個方向問下去？所以，你應該感謝的是城隍爺。不過，夢境還有一個部分我不是很了解，也許要等你們檢查報告出來後，才能解開我的疑問了。」

「哪一個部分？」

「現在還不能說，等你們先去醫院檢查後再說吧！」

此時，簡太太問我說：「王老師，既然已經問出是我的輸卵管阻塞，那可不可以請你問城隍爺，能不能幫我處理……」

「當然不可以！」沒有等簡太太把話說完，我馬上開口拒絕了她，又再三提醒她，「我說過，醫學歸醫學，宗教是宗教，如果大家都捨棄醫學而依賴宗教，那就完了。你們還是先去找醫生徹底檢查一次吧！」

從醫學檢查得到證實

從上次問完事之後，簡姓夫妻確實到醫院找醫生檢查，檢查結果也證實是輸卵管阻塞，醫生還說是近端的輸卵管阻塞。

還記得我說過，我對夢境的某部分有點不了解嗎？現在，簡太太的檢查結果徹底解開了我的疑問。夢境中不是有一段「靠近水龍頭那端的水管被一顆石頭堵塞住」嗎？當時我就是想不通，石頭為什麼偏偏堵在靠近水龍頭的那端，而不是水管的中段或後半部？

看過檢查報告後，總算讓我頓悟這個片段的意思了：近端阻塞。不過，因為我的問事性格是屬於追根究底型的，便私下自行請示城隍爺說：「弟子當初一直想不通這個片段的意思，是不是在指示信女的輸卵管阻塞是屬於近端阻塞？」

把筊擲下去後，城隍爺馬上給了我三個聖筊。看到第三個聖筊時，我激動得站了起來，心裡想著：「神明的神通廣大，真的不是人的智慧可以理解的！」

希望從事問事的神職人員都能夠牢記住：不是你了不起，而是神明在背後幫你，你才能有今天；如果有一天你走偏了，神明不幫你了，你還能多厲害？我們都要時常懷著謙卑的心，問事的路才會走得更長、更久。

之後有一天，簡氏夫妻又來找我，跟我說：「醫生說，通了輸卵管後還是有可能會再次沾黏，再加上年紀的關係，所以他建議我們做試管嬰兒。我們想要確定做試管嬰兒好不好，所以才會再來問問城隍爺的意見。」

「醫生已經建議你們做試管嬰兒，現在既然要問城隍爺的看法，應該只能問『做試管嬰兒還有沒有其他指示或要注意的地方』。為什麼要這樣問呢？因為醫生的建議一定有其專業考量，配合醫生的專業建議，這件事的成功機率才會比較高。所以，我現在就來幫你們請示城隍爺有沒有其他的指示。」

奇怪的是，擲筊請示了大概十幾分鐘之後，城隍爺都沒有對做試管嬰兒這件事做出任何指示或需要注意的地方，只交待夫妻倆一件事——

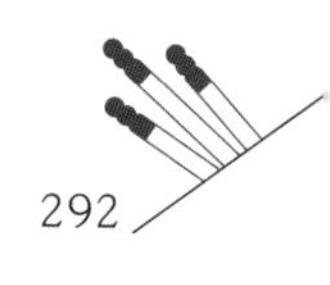

這件事情必須要到港口宮求助註生娘娘，到時候自然就會一清二楚了。

當時的我也不明白城隍爺為何下此指示，但既然神明都這樣講了，我只好先跟簡先生夫妻約定日期，一起前往港口宮，祈求註生娘娘。

第二階段問事：做試管嬰兒有無其他指示？

在約定之日到達港口宮後，夫妻倆先向註生娘娘上香稟告，等三十分鐘之後，便開始擲筊。

第一次擲筊

這次是由簡太太親自擲筊，我開口問註生娘娘說：「信女結婚多年未能懷孕，高雄梓官城隍爺指示是輸卵管阻塞，經過醫生檢查後也證實是輸卵管阻塞，最後醫生建議信女夫妻嘗試做試管嬰兒。做試管嬰兒的費用畢竟不便宜，信女夫妻為求慎重，今天誠心祈求註生娘娘，請祢大發慈悲，指點迷津。如果信女選擇做試管嬰兒，有沒有其他指示或需要注意的地方，若有，請賜給信女三個聖筊。」

簡太太把筊擲下去之後，註生娘娘賜下了兩個聖筊。

當「若有……」的問題出現了兩個聖筊時，就可以把它解讀成「有，但是……」依據我的經驗，遇到這種情形，神明大多會出籤詩說明。請注意，在請神明出籤詩之前，一定要先確定籤詩的配對，以下是第貳部分教導過的抽籤配對法：

王博士小講堂

請示神明之前，心裡面一定要先想好方向要怎麼問，如果方向錯誤，就很容易偏離主題。第一階段的問事，主要是要找出「無法懷孕的原因」，做法是先驗證所有的假設問題。前去港口宮求註生娘娘則屬於第二階段，這一階段就比較容易了，主要是要請示「做試管嬰兒有無其他指示」，屬於較單純的問事法。

❶有是有，但要出身體方面的籤詩？
❷有是有，但要出本運（即做試管嬰兒）方面的籤詩？
❸有是有，但要出本運兼懷孕方面要注意的籤詩？
❹有是有，但要出懷孕方面要注意的籤詩？
❺有是有，但要出本運兼身體方面要注意的籤詩？
❻有是有，但要出家運兼懷孕方面要注意的籤詩？

然而，有沒有可能是這六個以外的假設問題呢？

當然有可能。如果上面六個假設都沒驗證過，就要再思考其他的選項了，畢竟世上沒有什麼事情是絕對的，問神要懂得變化無窮，功力才會進步。接下來，我們就針對這六個假設，一一請註生娘娘驗證。

第二次擲筊

我接著問港口宮註生娘娘說：「信女夫妻做試管嬰兒是不是還要出身體方面的籤詩？如果是的話，請賜給信女三個聖筊。」

簡太太把筊擲下去後，註生娘娘沒有給任何聖筊。

第三次擲筊

接著，我便問港口宮註生娘娘下一個問題：

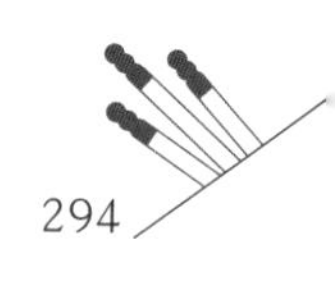

「信女夫妻做試管嬰兒是不是要出本運的籤詩？如果是，請賜給信女三個聖筊。」

簡太太把筊擲下去之後，這次註生娘娘給了兩個聖筊。

只要出現兩個聖筊，就表示方向接近了，但還不是完全正確，所以我們要把方向稍做修改，然後再請示神明。

修改的方向則是朝：註生娘娘確實可能要出本運籤詩，但是問題在於「要出本運兼哪方面的籤詩」。

第四次擲筊

接著，我繼續問港口宮註生娘娘說：「信女夫妻做試管嬰兒是不是要出本運兼懷孕方面要注意的籤詩？如果是的話，請賜給信女三個聖筊。」

簡太太把筊擲下去之後，這次註生娘娘馬上給了三個聖筊。

到目前為止，我們可以暫時先下一個結論：

註生娘娘指示，做試管嬰兒要注意的地方，是本運跟懷孕方面要注意的問題。至於要注意什麼地方，則要等籤詩抽出來之後才能確定。

抽籤程序完成之後，港口宮註生娘娘總共賜下了三支籤詩，看完這三支籤詩後，我不禁搖搖頭，感歎的說：「不愧是鼎鼎有名的港口宮，不只神明之間各有專攻，就連指示的事情都是我們想像不到的。」

當三支籤詩抽出來之後，可以對照籤詩的歸納：

本運兼時機點

第一支籤詩

壬子籤　劉備三顧茅廬、蘇小妹答佛印【籤詩歸納：運勢低，需等待起運】P217

言語雖多不可從，風雲靜處未行龍，

暗中終得明消息，君爾何須問重重。

・解籤

註生娘娘指示，來港口宮請示前，一家人已聽過很多的說法，也花掉許多時間跟金錢，心力交瘁又家庭失和——這些全都是偏聽偏信所致。上次城隍爺已明白指示，無法懷孕不是前世冤仇或冤親債主所致，而是出在身體因素，如今也已得到醫生的證實。今後，夫妻倆要忘掉過去那些不愉快，別再心存芥蒂，更要好好維持母子、婆媳關係，才不枉費港口宮媽祖跟註生娘娘幫忙。只要能內心堅定，不再慌張失措、六神無主，待時機一到，懷孕之事自然會變樂觀，因此，之後也不需要一而再、再而三的問神明。

第二支籤詩

丙辰籤　梁浩公中狀元、武吉挑柴打死人【籤詩歸納：運勢低，需等待起運】

八十原來是太公，看看晚景遇文王，
目下緊事休相問，勸君且守待運通。

・解籤

試管嬰兒可以做，但不是馬上做。若不出籤詩交代清楚，夫妻倆一定會馬上跑去做，然而，每件事都有其時機點，等時機到了再進行，成功率才會比較高。

第三支籤詩

丙寅籤　**桃園三結義、曹公賜雲長馬袍贈金銀【籤詩歸納：時間點】**P120

時中漸漸見分明，花開花謝結子成，
寬心且看月中桂，郎君即便見太平。

・解籤

既然說時機未到，就要交代時機何時到，神明指示時機點在農曆八月中過後，距今還有六、七個月，夫妻倆可先調身體，把懷孕的環境培養好，等天時到來，就能水到渠成。

當我解籤完之後，簡先生馬上跟我說：「真的耶，王老師，我剛剛才正在想，如果神明指示做試管嬰兒沒有其他注意事項的話，那我跟我太太就要馬上去醫院做。一來我們急著有孩子，二來也因為有一點年紀了，擔心再拖下去，成功的機率會愈來愈低……港口宮註生娘娘果然很厲害，連我們在想什麼都知道耶！」

「是啊，這就是神明的厲害之處，也是人做不到的地方，所以我才會說，人真的要謙卑，因為是神明在背後幫我們，若神明不幫忙，事情最後會變什麼樣就很難想像了。」

跳脫猴子知識

簡姓夫妻在八月中後進行試管嬰兒療程，如願懷了孕，並在隔年生下一子。坐完月子後，夫妻倆帶著媽媽到梓官城隍廟答謝神明後，隨即又趕去港口宮。再看到這對夫妻時，我發現他們的表情跟去年來問事時截然不同。

簡先生一見到我便立刻跟我握手：「王老師，謝謝你的幫忙！」

「謝我幹嘛，應該要感謝城隍爺、港口宮媽祖和註生娘娘，才讓你們喜獲麟兒。」

看到這件事能以喜劇收場，我心裡雖然很替他們開心，卻也不免回想起這對夫妻之前遇到的種種困境與痛苦，這讓我深深的領悟到一件事：「在問事的過程中，邏輯思考與科學程序扮演了何等重要的角色，如果沒有學會這些，問出來的答案就會落入『前人說什麼，後人只好照做』的模式——只知其然，卻不知其所以然的猴子知識！」

圖解案例

狀況：夫妻倆為求子而四處問事，卻得到兩人為前世仇人，應該離婚的說法

→各方說法不一，請神明指點迷津

釐清問題

第一階段「先確認懷孕的三種假設問題」：在身體方面得到了兩個聖筊→代表已抓對百分之八十的方向，可朝這個方向繼續追問

問事心法 1

關於懷孕方面的假設問題通常有三個方向：❶欠點❷身體方面❸時機問題

問出身體相關的四個因素中，此對夫妻屬於哪一種問題→經擲筊確認為女方身體因素，再結合神明的托夢內容，擲筊確認後，得知問題出在輸卵管阻塞

問事心法 2

醫學歸醫學，宗教歸宗教，就算神明已指示出身體的問題，也不能跳過醫學途徑，直接請神明處理

經醫生檢查後，證實身體問題與神明托夢相符——近端輸卵管阻塞，因此來請示神明是做試管嬰兒的注意事項→神明指示要去港口宮求註生娘娘

第二階段「做試管嬰兒的注意事項」：註生娘娘賜下三支籤詩，指示最佳時機，夫妻倆於隔年順利產下一子

導致失敗的問事地雷

問神前盡好最基本的人事

懷孕跟夫妻雙方的身體大有關係，案例當事人求子多年，卻沒先尋求醫學途徑，做好最基本的檢查，致使事後四處求神拜佛，甚至導致家庭失和。問事前，務必盡好本分先去看醫生，也可做為問事時的參考依據。

案例3 天啊！我們家怎麼會變成這樣？

某次北上問事，我看著手上的問事單，上頭寫著要問一位六十幾歲婦人的身體，但我眼前的這對男女看起來差不多三十出頭而已。兩人雖然都還很年輕，臉上卻沒有年輕人該有的氣色。

我於是先對當中的先生說：「不好意思，讓你們等那麼久，我看了單子上寫的名字，你們是要問你媽媽的身體嗎？」

這位先生回答我說：「是的，王老師你好，這位是我妹妹，我們今天來找王老師，的確是想問我媽媽的身體狀況。」

「你媽媽身體怎麼了？」

「是這樣的，王老師，三個多月前，我媽媽的右腳無緣無故的腫了起來，整個腳掌顏色都發黑了，這段時間裡，我們一直有帶我媽媽去看醫生，但醫生檢查過後都說她的腳沒問題，目前只能不斷的吃藥控制。現在媽媽連走路都要依靠拐杖，才能比較不吃力。

我們全家因為我媽媽的身體狀況陷入愁雲慘霧中，大家都有工作在身，沒辦法時時刻刻陪在她旁邊，可是又很擔心她在家或出外時跌倒。有一天，我們全家帶我媽媽去廟裡拜拜，很奇怪的是，拜拜回來的當天晚上，我妹妹做了一個夢……」

梓官城隍廟夢中現身

於是，這位先生的妹妹開始向我說明她的夢境：

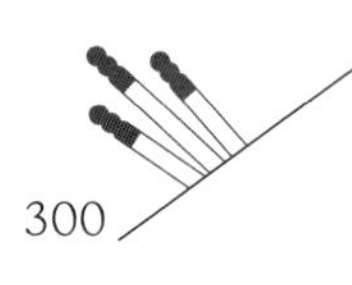

「我們全家帶著我媽去臺北一間很大的廟找王老師，進到那間廟時，王老師拿了幾張籤詩給我們，然後說：『這是要給你媽媽的籤詩。』籤詩有好幾張，但是沒看到籤詩的內容，不過我記得很清楚，王老師看籤詩時面有難色，一句話也沒有說。

接著，我哥哥開車載我們一家子跟王老師去一個地方，雖然開車的人是我哥哥，但一路上都是王老師在指引他怎麼開車，以及要走哪一個方向。抵達目的地後，我一下車就看見一間廟，那是一間我們從來都沒有去過的廟，我抬頭往上看，廟的正前方寫著『高雄梓官城隍廟』。接下來我就醒了。」

這位先生對我說：「隔天早上，我妹妹跟我們講這個夢時，我就在想，是不是神明在告訴我們去找王老師處理媽媽的身體問題？於是，我跟我妹妹去前一天那間廟，擲筊請示神明，這個夢是不是在告訴我們要去找王老師？結果神明真的給了三個聖筊！神明也真的有保佑，讓我們幸運地掛上號。」

話才剛落下，他妹妹就接著問我說：「老師，我可以請教你嗎？這個夢到底代表什麼意思呢？」

「妳剛剛有點香把這個夢境向玉皇上帝稟報了嗎？如果已經稟報，我們就先等一下，晚一點再來請示，玉皇上帝還沒講之前，我們不要亂猜，這樣比較不會誤事。」

「老師，我剛剛已經上香稟報了。」

「好，既然已經稟報了，我們等一下就一起問。」

王博士小講堂

遇到神明托夢時，要先向神明稟報夢境，稍做等待後請示神明。在神明還沒做出指示前，不要任意猜測夢境的意思，才不會誤事。

第一階段問事：把廣泛的問題濃縮在一個點上

「我現在開始幫你們問媽媽身體方面的事，不過，身體問題牽涉到的範圍太過於廣泛，所以必須先把範圍濃縮在一個點上，這樣判讀起來才比較不會失真，也能夠幫助我們更快抓到問題出在哪裡。」

那要如何抓到問題在哪呢？這個時候，籤詩就可以發揮它的功用了，別忘了，抽籤詩的第一關鍵要素就是先決定籤詩的配對，沒有決定配對前所抽出來的籤詩，不但無法解得精準，也無法深入知道問題在哪。

所以，希望大家都能記住以下這個公式，少了任何一項都不行：

抽籤配對法＋正確的抽籤程序＋解籤歸納法＝籤詩解得準確

抽籤詩之前，我們必須先確定此事的籤詩配對是什麼。於是，我先祈求玉皇上帝賜下老信女身體方面的籤詩，結果卻只有得到兩個聖筊。我於是繼續問說：「還是要出老信女本運兼身體方面的籤詩？」

結果還是只得到兩個聖筊，這種結果很明顯的可以推論出玉皇上帝的意思：

❶「要出身體方面的籤詩」雖然只得到兩個聖筊，但可推論出，玉皇上帝是要出身體方面的籤詩沒錯，但是→

王博士小講堂

抽籤詩時，務必要牢記以下公式：

抽籤配對法＋正確的抽籤程序＋解籤歸納法＝籤詩解得準確

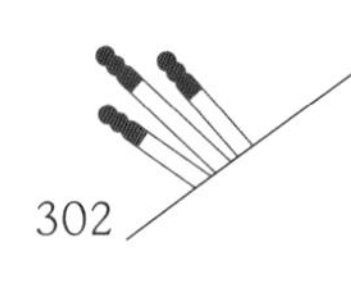

❷「出本運兼身體方面的籤詩」也只得到兩個聖筊，結合第一點的結果可以推論出，玉皇上帝要出有關「某某運」兼身體方面籤詩，但是已經排除本運這個選項，不然剛剛就會得到三個聖筊了 ↓

❸至於身體方面的籤詩還要再配對什麼呢？就得繼續請示才能知道了，這個過程當中一定要很有耐心，直到確實問出三個聖筊為止。以我的問事經驗，在玉皇上帝面前，除非你問的答案很精準，否則很難得到三個聖筊。

於是，我接著問玉皇上帝：「是不是要出『家運兼身體』方面的籤詩？」

這次，就連續得到三個聖筊了。

一看到三個聖筊，這位先生馬上跟我說：「王老師，沒有親自跟在你旁邊學習問事，還真的不知道問事有這麼多專業的技巧跟知識，我以前去其他宮廟，都沒看過像王老師你這樣的問事方法與技巧，我今天真的學到很多。老師，請問你，神明要出的籤詩是配對到家運兼身體，這是什麼意思呢？」

抽籤前一定要先配對好籤詩方向

「你問了一個非常重要的問題，這個問題也剛好跟神明的邏輯有關。不過，先等我們把籤詩抽出來，再根據籤詩上的內容一併教你，雙管齊下才會更清楚。」

於是，我們按照抽籤的程序，抽出了玉皇上帝所賜的三支籤詩，分別是丁卯籤、丁酉籤、庚申籤。

籤詩的配對

家運兼身體

第一支籤詩

丁卯籤　朱弁落冷山、孫悟空大難水災【籤詩歸納：欠點】P139

前途功名未得意，只恐命內有交加，
兩家必定防損失，勸君且退莫咨嗟。

・解籤

這支籤詩指出你目前的前途、事業、感情、婚姻及運勢都不是很得意，因為你的生命裡面有一個欠點存在。只要這個欠點存在，你的運勢就不會好轉，為了使運勢好轉，勢必要將欠點找出來，並且加以解決。

・神明親授分析祕訣

❶這支籤詩的重點在於「兩家」的涵意，兩家的其中一家指的是欠點，另一家則是你的運勢，也包含了你想問的事。

❷欠點中的「兩家」不能並存，如果「欠點」這一家沒有找出來，那就「勸君且退莫咨嗟」，也就是說不用再繼續問下去了，因為再問下去，結果還是不會改變——只要根本問題沒解決，困境便無法改善。

・抽到這支籤時，你必須……

要把其中的一家——「欠點」問出來，欠點解決後，運勢自然會慢慢改善。

第二支籤詩

丁酉籤　姜太公渭水河釣魚、姜子牙為武吉掩卦【籤詩歸納：目前不宜，問題重重】 P146

欲去長江水濶茫，前途未遂運未通，
如今絲綸常在手，只恐魚水不相逢。

・解籤

當你所問之事發展不順遂而抽到這支籤詩時，神明是要告訴你：你目前的情況彷彿身處大海當中，眼前白茫茫一片，看不清楚方向。目前的你不僅前途不甚如意，就連運勢也很低迷，更重要的是，眼前的所有問題就好像手上的一團絲線，全都交纏在一起，甚至打結了。

現階段，你必須把這些打結的絲線一個一個解開，而且得從最重要的結開始解；如果放任這些結繼續糾纏，恐怕會像魚離開了水，衍生出更大的問題。

・神明親授分析祕訣

❶當你要問一件事或計畫做一件事而抽到此籤，要知道重點在於「如今絲綸常在手」，代

表這當中問題（欠點）重重，多到像一團絲線打了好幾個結，如果不先解開這些結，這件事很難有圓滿的結果。

❷神明出這支籤詩，就代表祂們已查到裡面問題重重，導致你所問之事無法圓滿達成。

❸如果這支籤詩剛好配對在欠點的話，就代表這個欠點錯綜複雜，必須抽絲剝繭，找出最主要的癥結點——只要把這個主要的結解開，剩下的結自然就會跟著解開。

❹若這支籤是配對在身體方面，就代表身體狀況很複雜。

・抽到這支籤時，你必須……

建議你務必要繼續請示神明，把主要的癥結點找出來，一旦找出來了，「只恐魚水不相逢」就會變成「看看魚水得相逢」——扭轉乾坤並非不可能，前提是一定要找到方法。

第三支籤詩

庚申籤　**陳三過樓五娘益春托荔枝、王小姐為色事到禍審英台【籤詩歸納：時間點】** P195

今行到手實難推，歌歌暢飲自徘徊，
雞犬相聞消息近，婚姻夙世結成雙。

・解籤

你要問的事目前還沒有什麼進展，就算現階段想要做，也很難推動。這種膠著的情況

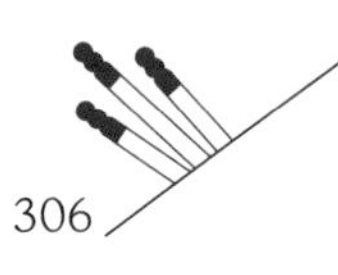

導致你不斷徘徊，不知道如何是好。先不用著急，這件事要等到十月、十一月，才是推動與進行的好時機，到時將更容易圓滿達成。

・神明親授分析祕訣

❶重點在第一句「今行到手實難推」，指你目前正處於一種停滯的狀態中。

❷「雞犬」指的是農曆十月跟十一月，所以時間點推算為十月跟十一月。

❸這支籤詩的時間點也要小心推算：

(1)若你抽到這支籤詩的日期是在今年農曆的十月，剛好還處在十月、十一月當中，那麼時間點還是屬於今年，不能推算到明年雞犬。

(2)若你抽到這支籤詩時，已經是十一月中或接近月底，表示雞犬已經快要過去了，所以只能推算成明年的雞犬了。

・抽到這支籤時，你必須……

注意此籤指示的時機點：所問之事成功的機會很大，只是得配合時機點。一旦時機到了，關於「要不要繼續」的疑問，自然會有一個答案。

仔細看了一下這三支籤詩後，我對這位先生說：「你剛剛不是問我，籤詩配對在家運兼身體是什麼意思嗎？我現在就可以回答你了。

如果神明單純只出身體方面的籤詩，那就代表你媽媽的腳之所以會腫起來，純粹是身體方面的問題，並沒有牽涉到其他原因。而若是家運再加上身體，就代表目前的身體狀況有一部分是受到家中某個問題所影響的，而且，這個問題不只已經影響到你媽媽的身體，還會影響到家中其他部分——當然也包括家人。

神明處理事情時，思考的不會只是局部，而是全盤性的考量。神明期待的是，你媽媽這件事情解決了之後，家裡的大大小小都能一切平安，不然，就算你媽媽的腳解決了，家中的問題還是會影響到家人，神明並不樂見這種情況——這也就是所謂的『根治』，也是神明最看重的部分。」

解兩支以上的籤詩：籤詩排列順序組合的訣竅

聽完我的解釋之後，這位先生馬上對我說：「我懂了，神明希望解決根本問題，而不是表面問題，如果只解決表面上的問題，過一段時間又會再次發生，只是不知道下次會輪到哪一個人出問題。」

「對，就是這樣。」

「可是王老師，有一個問題我還是不懂，第一支籤詩跟第二支籤詩看起來好像很不好，但第三支籤詩看起來又很好。這種情形要怎麼解釋呢？我覺得第三支籤詩跟前兩支籤詩好像有點兜不太起來。」

「非常好，你問的問題是解籤的一個重要訣竅。我現在就跟你解釋一下這三支籤詩的意思。」

王博士小講堂

神明處理事情時，思考的不會只是局部，而是全盤性的考量，所以會著重於解決根本問題，而不是表面上的問題，這就是所謂的「根治」，是神明最看重的部分。

神明教導我，單獨一支籤詩的解法跟兩支籤詩以上的解法完全不一樣。一支籤詩當然只看該支籤詩的詩句來判斷，而兩支籤詩以上，解法就必須要有連貫性，也就是說，第一支籤看起來不好，第二支籤看起來卻很好，不是因為互相矛盾，而是要解成：第一支籤詩所講的問題克服之後，才能夠順利進行到第二支籤詩中所提的情況。

我對這位先生說：「你要知道一個道理，籤詩是神明對我們講的話，應該要上下連貫，有頭有尾。不然我問你：假設你是神明，要藉由籤詩跟我說：『問題在這裡，解決了這個問題之後，接下來就會順利了。』那籤詩該怎麼顯示？」

聽到我這麼一問，這位先生頻頻點頭說：「對耶！老師你這麼說我就懂了，我怎麼從來沒有想過這個訣竅？」

「其實不只是你，大部分的人都不懂這個訣竅。我之所以會知道，也是多虧神明在我閉關時教導了我。」

除此之外，神明還在夢中告訴我幾個解籤重點：

❶先決定配對，再查詢每支籤詩被歸納在哪裡，接下來才是按照排列順序來深入解籤。

❷排列順序是為了要把神明的話做系統性與連貫性的解釋。

❸排列順序一定還要配合每支籤詩的歸納，解籤的準確度才會更高。

❹四支籤以上的排列順序也以此類推。

❺不管抽到幾支籤詩，從第一支籤詩到最後一支籤詩的內容，就是神明要告訴當事人這件事情的始末與進展。

籤詩順序的解籤訣竅

接著，我們就要來對照一下這三支籤詩屬於哪一種好壞排序：

三支籤詩的解法暨好壞排序

❶**好↓好↓好＝**過去不錯，現在還算順利，接下來還會持續順利。

❷**好↓好↓不好＝**過去不錯，現在還算順利，可是接下來開始要漸漸注意了。

❸**好↓不好↓好＝**過去不錯，現在開始不順，但是未來會慢慢順利了。

❹**好↓不好↓不好＝**過去不錯，現在開始不順，接下來還是要注意。

❺**不好↓不好↓不好＝**過去不順，現在也不順，接下來還是要特別注意。

❻**不好↓不好↓好＝**過去不順，現在也不順，但是未來會慢慢順利了。

❼**不好↓好↓不好＝**過去不順，現在開始有點順，可是接下來開始要漸漸注意了。

❽**不好↓好↓好＝**過去不順，現在開始有點順，接下來還會持續順利。

以玉皇上帝所賜下的家運兼身體籤詩來舉例，順序是由丁卯籤↓丁酉籤↓庚申籤，這三支籤詩的原始排列順序屬於第六個排序，也就是不好↓不好↓好，代表過去不順，現在也不順，但未來會慢慢順利起來。而排列順序再配合每支籤詩的歸納後，就會轉變成：

不好（歸納在：有欠點）↓不好（歸納在：錯綜複雜）↓好（歸納在：解決完欠點後，未來會慢慢順利的時機）

解籤

我於是對這位先生說：「第一支籤詩的歸納在欠點，神明是要告訴你，你媽媽的腳腫起來是因為欠點所致，如果沒有將欠點找出來加以解決，你媽媽的腳可能很難恢復。

第二支籤詩的歸納在問題重重、需要抽絲剝繭，也就是說，第一支籤所講的欠點錯綜複雜，彷彿打了好幾個結，需要一個一個結慢慢打開，只要把第一個結解開了，其他的結自然也就會跟著解開。第三支籤詩則是說，等這些錯綜複雜的欠點找到並解決後，你媽媽的腳會在大約農曆十月及十一月（雞犬）開始慢慢改善。

以上我講的這些重點不知道你能不能理解？」

這位先生讚歎地說：「王老師，我可以拜你為師嗎？真的！我是誠心誠意的，我從來沒有聽過這種解籤技巧，就算看了一些跟籤詩有關的書，也不可能有這種有如挖到寶的獨門祕招。王老師你說的沒錯，神明教導的果然是獨一無二、千變萬化，更是有錢也學不到的天機。真的很謝謝你告訴我這些！」

我被這突如其來的拜師嚇了一跳，笑笑的對他說：「以後有緣的話再說了，現在最重要的是如何解決你媽媽腳腫的問題。」

第二階段問事：從籤詩中找出問題（籤詩的限制）

既然籤詩有提到欠點，目前要做的第一件事就是把欠點找出來。我對他說：「雖然以我二十年的問事經驗，有些籤詩一看就能知道大概是什麼欠點，但過於相信經驗往往就是出事的主因，所以就算『大概』知道答案是什麼，還是要嚴謹及謹慎，不能有一絲絲馬虎。因此，接下來我們一定還要再請示玉皇上帝這個欠點是什麼。」

這位先生馬上說：「應該是祖先。」

我嚇了一跳說：「都還沒有請示，你就知道是祖先有欠點？」

「感覺上應該是祖先有問題，來找王老師之前，我們已經去問過好幾間宮廟了，每一間都跟我們說是祖先有問題。」

聽到他這麼講，我語重心長的說：「問神，永遠都應該是疑問句。對不對、是不是、能不能、可不可以……都要問過神明。我們的任務是把假設性問題先列出來，再一一擲筊請示，讓神明指示哪一個才正確。這才是問神該有的態度，如果你心裡已先入為主地肯定了某個答案，那還來問神幹嘛？所以，我建議你先不要有預設立場，再請示玉皇上帝比較保險。」

這位先生接受了我的忠告，於是，我開始請示欠點到底是什麼，以及玉皇上帝為什麼說這當中錯綜複雜。

奇怪的是，經過了大約二十分鐘的擲筊，好幾個假設性欠點都沒有得到三個聖筊，只有問到家中神桌時，玉皇上帝才給了兩個聖筊。於是我想，是神桌有問題嗎？若真是如此，為什麼不給三個聖筊呢？難道這就是錯綜複雜的原因所在嗎？

於是我詢問這位先生說：「家裡面有拜什麼神明嗎？」

「有，有拜一尊土地公。」

「是木頭雕刻的那種嗎？」

「不是，好像是石膏做成的那種雕像。」

神明以小換大

接下來，這位先生竟說出了驚人的內幕：「王老師，我們家原本不是這一尊土地公，而是一尊小小的土地公。有一天，我爸的同事來我們家，其中一位號稱自己能跟神明溝通，他在看了我家的神桌及土地公後，對我爸說：『你們家這尊土地公太小尊了，坐起來不會很穩，要換一尊大一點的，坐起來才會穩。若你要拜，我家有一尊比這尊更大的，就送給你拜。此外，你們這個神桌也沒放好，應該要再動一下方位。』」

「後來呢？」

「後來，我爸爸就跟同事換了那尊大土地公。」

「那原本的那一尊如何處理？」

「我爸的同事把那尊大土地公請到我家後，就在我們家門口把原本那尊燒掉了，之後又把我家的神桌往左邊移了一點。」

聽完了整起事件的經過，我對這位先生說：「第二支籤詩說這個欠點錯綜複雜，再聽你這樣一說，內情確實很不單純。不過，我還是要問玉皇上帝，這個錯綜複雜的欠點是不是指神明以小換大這件事。」

一問之下，玉皇上帝果然連續給了三個聖筊，也證實了欠點正是此事。雖然欠點已經問出來了，但我還需要從另一個角度去比對，如果吻合，準確度就更高了。我於是問這位先生：「你媽媽的腳腫起來，是在燒神明之前？還是燒神明之後？」

他轉頭跟他妹妹確認一番，然後回答我說：「我跟我妹妹算了一下時間，在神明被燒之後，我媽媽的腳才開始發生異樣，大約是一個禮拜之後腫起來的。」

王博士小講堂

問神時，過於相信經驗往往就是出事的主因，就算「大概」知道答案是什麼，還是要嚴謹及謹慎，不能有一絲絲馬虎。對不對、是不是、能不能……都要問過神明才能確定，記得問神永遠都該是疑問句。

「這就對了！我之所以會這樣問，是想再一次比對時間點，如果你媽媽的腳是在燒神明之前就腫起來，這兩件事情也許就沒有關連，那就得再往其他方向問了。既然你媽媽的腳是在燒完神明後才腫起來，時間點就吻合了。」

這位先生的妹妹聽完之後，忍不住說：「沒錯，我認同王老師的邏輯，我也是這麼想的。其實，我早就在懷疑我媽媽的腳跟那件事有關，只是其他宮廟都說是祖先問題，我也就沒再多想了。今天，玉皇上帝以三個聖筊指示我媽媽的腳確實跟神明被燒有關，甚至連時間點也吻合，那就證明我當時的懷疑沒有錯了。老師，接下來我們該怎麼辦呢？」

「雖然我們已經找出真正的問題點，但還有一件事情需要釐清，否則這件案子會無法繼續進行下去。」

此時，事情開始發生一些變化，我一連問了大概十幾分鐘，玉皇上帝卻都沒有繼續指示，正在納悶時，我腦中馬上聯想到他妹妹的夢境，於是我對他妹妹說：「妳剛剛說的那個夢，最後一個片段是我們一起到高雄梓官城隍廟嗎？」

「對。」

「嗯，那我懂了，這就是一個暗示。」

於是，我馬上問玉皇上帝說：「雖然這件事情的大方向已經找到了，但仍然有兩個問題要釐清，是不是玉皇上帝指示，這件案子已經移交並授權給高雄梓官城隍廟處理？」

筊擲下去的時候，果然得到了連續三個聖筊。

他妹妹問我說：「老師，那是不是代表我們要到高雄一趟呢？」

「是的，因為妳在夢中看到了高雄梓官城隍廟，況且，我還有兩個問題點沒有釐清，再加上一些環境的因素，玉皇上帝才會把這件案子授權給城隍廟處理。所以，可能要麻煩你們來高雄一趟了，真是不好意思。」

聽到我這麼說，他妹妹過意不去地回我說：「王老師你別這麼說，是我們不好意思才對，一直麻煩你。那我跟我哥哥找一天下高雄，到時候再懇請王老師幫忙。」

「不要這麼客氣，趕緊把妳媽媽的腳處理好才是重點，既然玉皇上帝這麼指示了，就請你們撥個時間來高雄梓官城隍廟一趟。」

第三階段問事：釐清錯綜複雜的部分

過了一個禮拜，這對兄妹遵照指示來到高雄梓官城隍廟，開始問事前，我告訴兄妹倆，今天是要釐清我的兩大疑問。

「王老師，這兩個疑問是什麼？看起來好像很重要。」他妹妹問我說。

「當然很重要，若不釐清這兩個疑問，解決方案就沒有辦法問出來。」

神明情何以堪

玉皇上帝已經指示，欠點就是家中土地公以小換大，所以我要請示五個假設性問題：

❶家中原本那尊小的土地公有正神在裡面，一家人卻偏聽偏信，把有正神的土地公金身燒掉，導致犯天條？

❷當時家中那尊小土地公裡已經沒有正神，燒掉之後，裡面那個不正的靈跑到家中？

❸現在家中這尊大土地公是否有正神在裡面？

❹如果大土地公裡沒有正神，是不是之前那個不正的靈跑回來，附在大土地公裡？

❺小土地公裡面原本有正神，但由於金身被燒掉，導致土地公跑回大廟，無法繼續保佑一家人，而換來的大土地公裡又沒有正神，導致媽媽的腳腫起來。

「五個假設中，我們要先釐清哪一個才是主因，畢竟五個問題的解決方式各有不同，如果不先還原當時的情況，就無法正確的對症下藥了。我現在就來幫你們請示城隍爺，五個假設中，到底哪一個才是當時的情況。」

開始擲筊兩分鐘後，城隍爺以連續三個聖筊指出，欠點問題就出在第五項。

現在，我終於明白籤詩為什麼會說整件事情很錯綜複雜了。從這件案例中，各位應該能學到解籤詩的奧妙和限制，籤詩只能起個頭，告訴我們當中有欠點，卻無法指出欠點為何，想要知道欠點是什麼，就必須繼續問下去。希望大家都能夠把這些技巧學起來，以後遇到問題時，也就不會因為慌亂而偏聽偏信了。

答案出來後，這位先生先是愣了一下，然後說：「王老師，那接下來該怎麼辦？」

「既然錯綜複雜的主因已經還原了，現在我就幫你問看看應該怎麼處理。」

結果，城隍爺做出了以下指示：

❶家中的土地公原本有正神在裡面，但是金身被燒掉，所以土地公已經回去大廟，當務之急是要先去天公廟誠心上香祈求玉皇上帝的寬恕與原諒。

王博士小講堂

跟欠點有關的籤詩只能起個頭，告訴我們當中有欠點，卻無法指出欠點是什麼，想要知道欠點是什麼，一定要繼續問下去。

❷如果玉皇上帝有賜三個聖筊，接下來要再跑一趟車城，那尊土地公目前在車城的土地公廟中。要誠心祈求土地公的原諒，並對土地公承諾不會再發生同樣的錯誤，請土地公大發慈悲，答應繼續受全家奉拜。

❸到土地公的大廟求得三個聖筊後，再請示神桌以及那尊大的土地公要如何處理。

為了讓這對兄妹更加了解整個情況，我將所有的答案整合起來對他們解釋道：「這件事情牽涉到把神明燒掉這種大事，所以一定要先到天公廟求天公原諒，接著再求土地公原諒。雖然處理過程有一點麻煩，然而，燒神明、換神明對一尊正神來講真的是情何以堪，所以你們於情於理都應該要這樣做。等到這個結解開之後，才能再解開第二個結，第二個結指的就是神桌與那尊大的土地公。你們說過，媽媽的腳原本好好的，是神明被燒掉之後才開始變成這樣的，這就代表原本那尊土地公確實有在保佑你們一家人，明明有在保佑你們，卻被你們一把火給燒掉了……唉，土地公現在一定很難過。」

聽完我的解釋，這位先生滿懷愧疚的說：「王老師，謝謝你，也謝謝城隍爺，我們今天總算明白癥結點在哪裡了。我們不怕麻煩，當初確實是我們做錯了，既然城隍爺指點我們該怎麼做，我們回去跟爸媽說明一切後，就會遵照城隍爺的指示，也會隨時跟老師報告去天公廟和土地公廟請示後的結果。很謝謝城隍爺跟王老師的幫忙！」

「你們不用這麼客氣，不經一事不長一智，這些都是成長的過程，只要城隍爺有辦法指示出問題在哪裡，就有辦法幫你處理，所以你們先別擔心。時間也晚了，回去時開車要小心，我們一起加油！」

自作主張硬碰硬

一個禮拜後的星期六下午，這對兄妹再度來到城隍廟跟我說：「王老師，我們全家人在天公廟跟車城的土地公廟已經順利求得三個聖筊，接下來該怎麼做？」

我請他們先去上香，等待半個小時後，我開始幫他們請示如何處理神桌跟神明的事。

我問這位先生說：「你們家的神桌是坐什麼方位，朝什麼方位？」

「坐北朝南。」

「好，那我知道了。」

經過二十分鐘的擲筊，城隍爺指示那尊大的土地公要先處理，然後把神桌退掉，等媽媽的腳改善後，明年再重新安神桌。

當時是由這位先生負責擲筊，妹妹在旁邊記錄。此時，他妹妹好奇的問我說：「王老師，我家今年可以安神桌嗎？還是一定要等到明年才可以？」

「一定要等到明年，因為今年是甲午年，煞北方，而你們神桌的方位剛好是坐北朝南，所以今年不能安神桌。」

「原來如此，我懂了，謝謝王老師，那我們回去之後再跟我爸媽講，接下來就等王老師的消息了。」

事情就是這麼不巧，這對兄妹回去後一個禮拜，兩人又特意來高雄梓官找我，一見到我，妹妹馬上跟我說：「王老師，事情有一些狀況。」

「怎麼了嗎？」

「我們回去之後，便跟爸媽說明目前的處理方式，原本全家都同意了，但是隔天我弟弟和弟妹回來，一聽說我們要處理神桌跟神明的事，我弟弟馬上就說他有朋友是開宮廟的，希望能請他幫忙處理。」

我對她說：「沒關係啦！誰處理都可以，處理這種事一定要家裡面的人都有共識，家庭和諧還是比較重要，如果因為這件事鬧得不愉快，也不是神明樂見的。」

「王老師，你不知道，我弟弟隔天就趁著我們全家人都不在的時候，把那位開宮廟的朋友帶來家裡。結果，那個人竟然叫我弟弟把原本那尊大的土地公拿下來，直接用榔頭敲破，接著又馬上把神桌給安好，還對我弟弟說，只要是他處理的，就不會有煞方的問題，什麼時候安神桌都沒有關係。」

老實說，聽完對方處理神像的方法後，我真的是當場嚇出了一身冷汗，一時之間竟也不知道該些對他們說什麼才好。事以至此，我也只能回答她說：「既然都已經處理好了，那就先別想太多了。」

不過，這對兄妹還是非常擔心，一直拜託我再幫他們請示城隍爺，看看還有沒有其他的指示，然而，我心知肚明，事情已經到了這個地步，就算再問下去，神明應該也不會再做出什麼指示了。

果然，城隍爺真的沒有再做出任何指示，只給了他們兄妹一句話：「這件事情順其自然就好了。」

兄妹倆看到城隍爺的指示，也只好懷著忐忑不安的心情離去了。看著他們離去的背影，我心裡其實一清二楚，那尊大土地公裡已經沒有正神了，最安全的做法，是先讓神明去跟裡頭不正的靈協調談判，再來請示神明該怎麼做；他們偏偏用榔頭敲破它，這樣硬碰硬的做法是第一

王博士小講堂

當家中神像裡面已經沒有正神，被不正的靈入侵時，最安全的做法是先讓神明去跟對方協調談判，再來請示神明該怎麼做，千萬不要硬碰硬，擅自燒掉或丟掉。

個錯誤。而今年明明是煞北方，神桌卻又在北方，這是第二個錯誤。這兩個錯誤加起來，一錯再錯，連我都不知道接下來會發生什麼狀況。

一個月後的風雲變色

一個月後的某天晚上七點多，我在城隍廟問完事後，忽然有一位五十多歲的先生走過來對我說：「王老師，不好意思，有一件事情想要拜託你幫個忙。」

我一頭霧水，只好問說：「什麼事？」

「我有個朋友現在人在城隍廟外面，但不方便進來廟裡，可不可以請王老師到外面一下？我朋友有事情想要當面拜託你。」

我往外頭一看，見到一男一女站在外面，看起來很面熟，只是一時之間想不起來是誰。我於是走出去確認，才發現原來是之前來問媽媽腳腫起來的那對兄妹。

那位先生對我說：「王老師，你好，不知老師還記得我們嗎？」

「記得啊！你們還好嗎？」

被我這麼一問，這對兄妹竟突然哭了出來，我嚇了一跳，趕緊問他們說：「怎麼了，發生什麼事了嗎？」

他妹妹告訴我說：「王老師，前天我弟弟他們夫妻都往生了。」

「天啊！到底發生什麼事了？」

「前天，我弟弟他們夫妻跟那位開宮廟的朋友一起開車去喝喜酒，回家的途中發生車

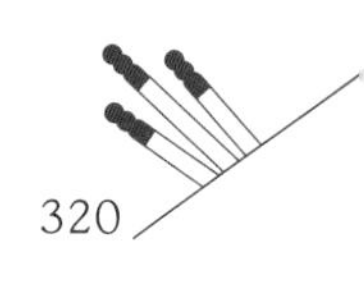

禍，我弟弟當場死亡，我弟媳被拋出車外後，又被後面的車子輾過，也是當場死亡；那位朋友重傷，不過醫生說情況也很不樂觀。我媽媽之前因為腳還沒有好，再加上這個打擊，自殺了兩次，還好都被及時救了回來。」

聽到事件的發展，我不由自主的打了個冷顫，全身起雞皮疙瘩。怎麼會這樣？短短的一個月內竟然發生了這麼嚴重的巨變。「那……現在呢？」

「我們家現在正在辦喪事，所以才不敢進到廟裡去，只好在外面等你，再拜託我朋友進去請老師出來。」

我腦袋一片空白，不知道該說些什麼，只好問他們說：「那我可以幫你們什麼嗎？」

他妹妹回答我說：「其實，今天是我爸爸叫我們來找王老師的，我爸爸說他現在只相信王老師而已，可不可以請王老師幫我弟弟他們看個塔位的方位？」

「看方位倒是沒問題，可是你們來得及嗎？」

「還來得及，靈骨塔那邊還有很多的位置，隨時都可以決定，我爸爸跟葬儀社說，等我們決定方位之後再買塔位，他也特別向葬儀社請來的道士交代，一定要按照王老師決定的羅盤方位進塔才可以。」

「好吧！既然還來得及，我現在就幫你們看方位。」

於是，我根據弟弟夫妻倆的仙命推算出兩個方位，把這兩個方位寫在單子上交給他們。離開之前，他妹妹一直哭著對我說：「王老師，真的很謝謝你。」

「別這麼說，事到如今，你們也不要太難過，等家中喪事辦完，再帶妳媽媽來城隍廟一趟，我有些事要交代你們。」

看著他們的車子慢慢開出去，我的心情忽然變得很沉重，不知不覺中，這對兄妹的悲傷已悄悄感染了我。

第四階段問事：只要有心，神明自有辦法替你周旋

等到家中辦完喪事後的一個月，這對兄妹便帶著媽媽來到城隍廟，一看到老母親白髮蒼蒼、一臉憔悴，就想到她年老喪子的痛苦，再加上她的腳還沒有改善，內心的傷痛加上身體上的難過，真是讓人於心不忍。我安慰這位老母親說：「事情過去就過去了，現在我幫妳問問看城隍爺，妳的腳要如何處理，這才是最重要的。」

聽到我這麼說，老母親忍不住哭了出來，看到媽媽如此傷心，這對兄妹也跟著悲從中來。

不幸中的大幸

過了幾分鐘，等到這位老母親的心情稍稍平復了些，我便開始幫他們請示。經過了大概半小時的擲筊，城隍爺指示了四件事情：

❶要出兩支籤詩給這位老母親，分別是丁巳籤和辛酉籤，籤詩的配對是「本運兼身體」。

❷籤詩抽出來後，要接著處理腳腫的問題。

❸家中現在還沒有對年，目前還沒有辦法著手處理欠點的問題，但是不用擔心，城隍爺會跟對方協調談判，在這一年中確保家中不再發生憾事。不過，對年之後一定要馬上來處理欠點。

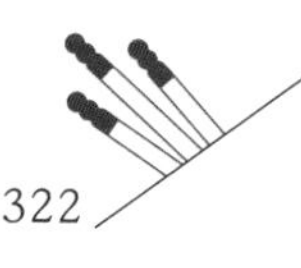

❹只要有一顆誠心與善心，神明都會盡量幫忙周旋。

籤詩的配對　本運兼身體

第一支籤詩

丁巳籤　觀音收大鵬鳥、朱壽昌尋母在長亭【籤詩歸納：時機到，順勢而為】

P141

十方佛法有靈通，大難禍患不相同，
紅日當空長照耀，還有貴人到家堂。

・解籤

當你問這件事該不該做，或正在進行某事而抽到此籤，神明是要告訴你：過去那段紛擾如今已平靜，目前的時機有如日正當中、晴空萬里，不但可正式進行，還有貴人相助。

・神明親授分析祕訣

❶這支籤詩的重點在歷史典故「觀音收大鵬鳥」。觀音佛祖看到大鵬鳥危害人間，於是收伏了牠，並在大鵬鳥的嘴上扣上一個環扣，這隻大鵬鳥從此就跟在觀音佛祖的身邊修行。此典故的意思是：過去那一段紛擾即將平靜，所問之事可以開始著手規劃進行了。

❷乙酉籤的歷史典故是「大鵬鳥亂宋朝」，意謂著局勢很混亂，而這支籤詩的歷史典故是「觀音收大鵬鳥」，指局勢即將平靜。這兩支籤詩有關連性，但結局大不相同——風波還未平靜時，不要冒然下去做，如果冒然進行，很有可能會演變成無法收拾的局面，一波未平，一波又起；而今已風平浪靜，正是進行的好時機。

❸當我們看不清楚局勢的時候，神明就會藉由這支丁巳籤讓我們知道，目前的局勢是否已開始明朗化。

・抽到這支籤時，你必須……

要把握現在：過去那一段紛紛擾擾已過，現在要開始平靜了，你可以正式的規劃並準備進行所問之事了。

第二支籤詩

辛酉籤　劉智遠邠州投軍、李三娘井邊會【籤詩歸納：時間點】P213

君爾何須問聖跡，自己心中皆有益，
于今且看月中旬，凶事脫出化成吉。

・解籤

關於所問的事，你多少都知道該怎麼做，或心中已大概有想法，為何還來請示神明？現階段較需要注意的有，等農曆十五日後，一些不好的事就會大事化小，有驚無險。

• 神明親授分析祕訣

❶當你抽到這支籤詩，要知道重點在於這句「于今且看月中旬」。

❷「月中旬」的時間要怎麼推算呢？

(1)若你是在農曆的十號抽到這支籤詩，那「月中」講的就是當月的十五號。

(2)若你是在農曆的二十五號抽到這支籤詩，因為十五號已經過了，那「月中」講的就是下個月的十五號。

❸這支籤詩還有一個重點是「君爾何須問聖跡，自己心中皆有益」。抽到這支籤詩的人，在心理層面上已經有一定程度的堅持，所以神明才會這樣說。此外，一些本身就不相信神明的人，也很容易抽到這支籤詩。

• 抽到這支籤時，你必須……

要有一個認知：針對你想要問的這件事，其實你心裡早就已經有一把尺，該不該做也都有個底了——既然已經有想法，接下來就是等十五號過後再來執行，待時機一到再進行，做起來也會更加順利。

看了這兩支籤詩後，我便明白神明的意思了，當中的第二支籤詩說到，今天之所以會發生這些狀況，都是因為一些人為因素的影響。

雖然如此，我只對這位老母親做了一些簡單的解釋，畢竟她現在亟需他人的安慰，實在不適合再提起過去的不幸，以及這些不幸為什麼會發生。於是我對她說：「神明是要告訴妳，過去那段紛擾已經開始平靜，整個運勢也比較明朗化了，神明等一下會處理妳的腳，在下個月的十五號過後，腳的問題就會慢慢改善了。至於其他的事情，在這一年之內，神明都會替妳周旋，妳不用擔心，一切等到對年後再說。」

這位老母親聽完之後，淚水還是忍不住流了下來，她用虛弱的聲音告訴我說：「王老師，我真的很後悔，如果當時不要讓小兒子處理，今天就不會發生這些事了，我好好的一個家怎麼會變成這樣？王老師，你知道嗎？小兒子出殯那天，我用掃把打他跟媳婦的棺材時，心裡有多痛苦！一天之內，兩具棺材就這樣從我眼前抬出去，我……我真的很後悔！」

看到這位老母親這麼難過，我心裡也跟著難過了起來，那一句「一天之內，兩具棺材就這樣從我眼前抬出去」，更是讓我不住鼻酸，真的無法想像她的心有多痛，只能不斷的勸她說：「不要難過了，事情已經過去了，現在要做的事是先處理好妳的腳，這才是當務之急。」

我靜靜等待這位老母親平復心情，過了幾分鐘，便依照城隍爺的指示處理她的腳。整個過程圓滿結束時，已經是下午五點多了，兄妹倆牽著媽媽回去時，這位老母親還回頭看了我一下，雙眼含淚的對我說：「王老師，謝謝你，謝謝你的幫忙。」

事情又過了三個禮拜，這對兄妹和老母親提著一籃水果走進城隍廟拜拜，老母親腳腫的情況已經改善了很多，走路也不再需要人攙扶，整個人看起來很有精神，氣色也很好。

他們上完香後，這位老母親握著我的手對我說：「王老師，謝謝你的幫忙，我的腳好很多了，將來還要再麻煩你了，你是我們家唯一信任的老師。」

「妳應該要謝神明，城隍爺說過，只要妳有一顆誠心跟善心，神明都會幫妳周旋的。」

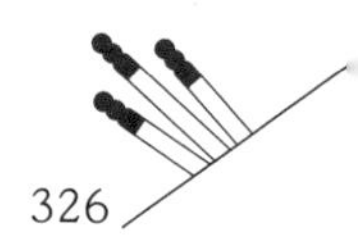

老母親開心的頻頻點頭，隨著一雙兒女離開了。

望著她離去的背影，我可以感覺到這位老母親的心境似乎改變了很多，跟上次見到她時截然不同了；看到她能走出喪子之痛，我的心情也跟著愉快了起來。目送他們一家人離開後，我不由自主的點了三支香，用極謙卑的心感謝神殿裡的神明：梓官城隍爺，謝謝祢慈悲的護佑著這一家人，今日能為祢服務，弟子，何其所幸。

圖解案例

狀況：母親的腳腫起來，甚至影響行走，看過醫生後卻查不出病因
→醫學檢驗後仍找不出病因，請神明指點迷津

釐清問題

第一階段「縮小範圍」：請示神明是否出籤詩說明問題所在→確定神明要賜籤後，擲筊確認籤詩配對

問事心法 1
要將廣泛的問題濃縮於一點時，便可請示神明是否出籤詩

神明指示要出「家運兼身體」方面的籤詩→按照抽籤流程抽出三支籤詩後，籤詩指出此事有欠點，並且錯綜複雜

問事心法 2
籤詩的限制在於可指出有欠點，卻無法指示欠點為何，所以務必再配合擲筊的方式，問出欠點何在

第二階段「從籤詩中找出問題」：既然籤詩指出有欠點，便要問出欠點何在→經擲筊確認後，欠點與家中神像有關

第三階段「找出錯綜複雜的原因」→按照城隍爺指示，向家中神明請求原諒，並於一年後處理神桌問題

導致失敗的問事地雷

神像、神位問題宜謹慎處裡

本案例從最初的「將神明以小換大」到之後的「敲破神像」，皆是導致事情愈來愈嚴重的禍首。遇到神像、神桌相關的事宜，務必要再三請示神明，勿擅做主張，才不致釀成災害。

結語

宗教要與科學結合，才不會盲目

愛因斯坦曾說過：「科學少了宗教便彷彿少了一隻腳；宗教若少了科學則會變得盲目。」我先前提過，一件事情的形成，需要好幾個元素一起產生作用；有些事情要靠邏輯性思考，有些要靠系統性思考，有些則是要兩者一起整合使用。

舉例來說，流汗等於體溫高，發燒等於體溫高，難道就可以推論流汗等於發燒嗎？以邏輯的角度的確是會這樣思考，可是這樣的推論正確嗎？當然不正確！另外一個例子則是，天氣熱時，我們可以從冷氣機吹到很舒服的冷氣，但要產生冷氣需要好幾個元素，就一般我們所知的，有壓縮機、電源，再加上二氟二氯甲烷（也就是冷媒），才能產生讓人舒服的冷氣。換句話說，就算有壓縮機跟電源這兩個元素，若獨獨缺了冷媒，一樣不會有冷氣跑出來；一定要這些能產生冷氣的必備元素同時一起作用，才能製造冷氣——這就是系統性思考。

只要有系統性思考的觀念，我們就能多少擁有一些預測事情的能力。拿剛剛冷氣的例子來看，當我們發覺家裡面的冷氣不會冷，腦袋馬上就會開始思考：「能產生冷氣的必備元素有哪幾個？」一旦了解這些元素，就比較容易從中找到問題。

我們的思考角度常會有盲點與慣性，既然知道容易有盲點，就要找其他的思考角度來補足，才不會使這件事情產生瑕疵。那麼，什麼叫思考的慣性？舉例來說，你下班後要回家時，通常會走哪一條路？答案是：「平常走的那條路。」為什麼？因為你已經很熟悉、很習慣了，走起來熟門熟路，既不會迷路，也很有安全感——大部分的人要從某個固定的地方回家時，應該不可太可能一週七天變換七條不一樣的路徑吧？

「解籤」也一樣，要有好幾個元素一起產生作用，再加上邏輯性跟系統性思考一起整合，才能將籤詩解得準確。舉例來說，有一位信徒為事業上的問題前來問神，神明給了他三支籤詩：乙酉、己未、戊午，籤詩配對則是本運兼事業籤。

籤詩的配對 本運兼事業

第一支籤詩

乙酉籤　大鵬鳥亂宋朝、韓文公過秦嶺湘子掃霜雪【籤詩歸納：時間點】P112

靈雞漸漸見分明，凡事且看子丑寅，
雲開月出照天下，郎君即便見太平。

第二支籤詩

己未籤　朱壽昌棄官迎恩亭內尋母、曹操潼關遇馬超脫險【籤詩歸納：時間點】P177

危險高山行過盡，莫嫌此路有重重，
若見蘭桂漸漸發，去蛇反轉變成龍。

第三支籤詩

戊午籤　楚霸王烏江別世、石存孝遇李克用收為誼子【籤詩歸納：個性】P162

於今莫作此當時，虎落平陽被犬欺，
世間凡事何難定，千山萬水也遲疑。

- **邏輯性思考推算時間：**第一支籤詩跟第二支籤詩都是講時間點，該用何種邏輯性思考推算時間點呢？這位先生是在今年五月抽籤詩，因此，第一支籤詩指示：要到今年（民國一〇三年）農曆十一、十二至明年（民國一〇四年）一月時，事業上的紛擾才會比較平靜。接著，第二支籤詩在講：事業會在八月開始好轉，問題是，第二支籤詩的八月指的又是哪一年的八月呢？答案是一〇四年農曆八月。請務必要注意：既然第一支籤詩講的時間是一〇三年年底，第二支籤詩就不會又回頭再講同年的八月，否則會導致時間順序錯亂。如果第二支籤要講一〇三年八月，直接把這支籤出在第一支不就好了，何必放在第二支呢？因此，第二支籤詩的時間點要順著第一支籤詩的時間點再往後推算——這就是時間的邏輯性思考。
- **邏輯性與系統性思考整合：**時間的邏輯推算出來後，接下來就是系統性思考了。事業要有所成，便需要好幾個元素一起產生作用，第三支籤詩就是神明要告訴這位先生，一〇三年年底的紛擾會漸漸平靜，到了隔年八月，事業便會開始好轉，然而，不是光靠等待時機就能讓事業好轉，當事人的性格也要一起調整——現在的事業之所以會有紛擾，也許就是性格所引起的。因此，等年底一到，紛擾平靜之後（元素一），當事人的性格上再做調整，不要再像楚霸王一樣的自傲（元素二），再加上來年八月時機的來臨（元素三），三個元素一起產生作用，事業要有所成，便指日可待了。

宗教要有科學才不會顯得盲目，《神明所教的60甲子籤詩解籤訣竅》的核心精髓就是教導大家宗教要如何搭配科學。解籤只是是一種表象——是單一元素，我們得把許多元素整合起來（抽籤程序、抽籤配對、解籤歸納、邏輯性與系統性思考），一起產生作用，如果能做到這個地步，我相信每個人都可以把籤詩解得很精準。最後還有一個重點，那就是為神明服務要正氣、正派，只有你的心夠正時，神明和上天才會持續給你智慧。希望大家看完此書後，能夠提升問事功力，使信心大增，嚐到醍醐灌頂和回味無窮的滋味。

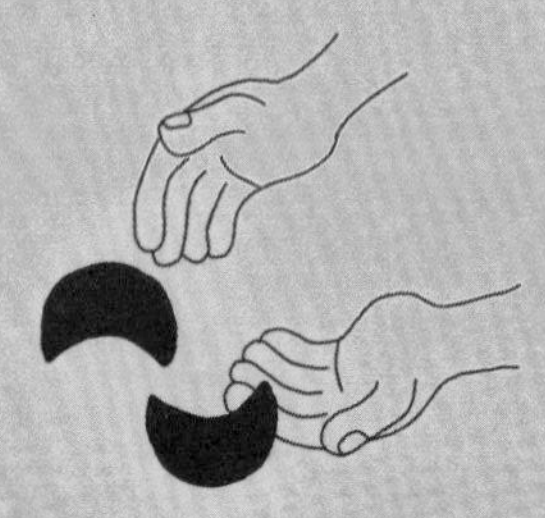

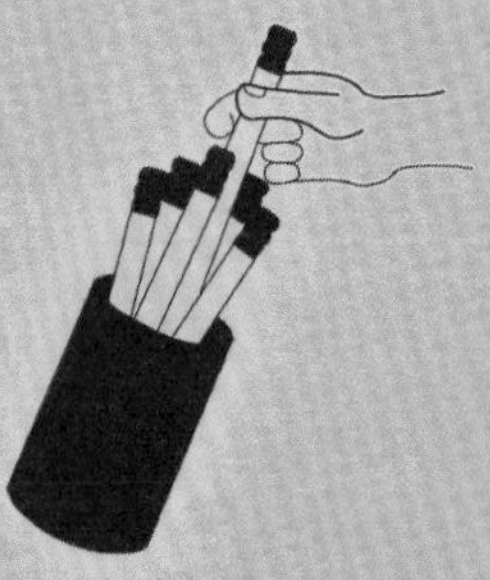

籤書